PEIXOTO ACCYOLI

EXCELÊNCIA PARA OBSTINADOS

PAGUE O PREÇO:
ASSUMA A RESPONSABILIDADE PELO SEU SUCESSO

Diretora
Rosely Boschini

Gerente Editorial
Carolina Rocha

Editora Assistente
Audrya de Oliveira

Controle de Produção
Fábio Esteves

Preparação
Luiza Del Mônaco

Projeto gráfico e Diagramação
Vanessa Lima

Revisão
Vero Verbo

Capa
Bruno Ortega

Impressão
Assahi

Copyright © 2019 by Peixoto Accyoli
Todos os direitos desta edição são
reservados à Editora Gente.
Rua Wisard, 305, sala 53 – Vila Madalena
São Paulo, SP – CEP 05434-080
Telefone: (11) 3670-2500
Site: http://www.editoragente.com.br
E-mail: gente@editoragente.com.br

Dados Internacionais de Catálogo na Publicação (CIP)
Angélica Ilacqua CRB-8/7057

Accyoli, Peixoto
    Excelência para obstinados: pague o preço – assuma a responsabilidade pelo seu sucesso / Peixoto Accyoli. – São Paulo: Editora Gente, 2019.
    192 p.

ISBN 978-85-452-0351-3

1. Sucesso 2. Sucesso nos negócios 3. Autoconhecimento 4. Profissões – Desenvolvimento I. Título

19-1623   CDD 650.1

Índice para catálogo sistemático:
1. Sucesso nos negócios

É DIFÍCIL DIZER O QUE É IMPOSSÍVEL, POIS A FANTASIA DE ONTEM É A ESPERANÇA DE HOJE E A REALIDADE DE AMANHÃ.

ROBERT H. GODDARD

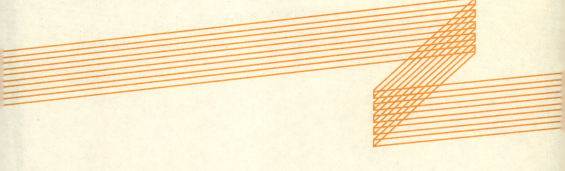

Para minha filha **Sofia** e meu filho **Pedro**, por serem meu tudo.

Para minha esposa, **Rose Café**, "my partner for life".

Para toda minha **família RE/MAX**, do Brasil e do mundo, por me inspirarem e por me fazerem sentir que o planeta terra é um pequeno lar aconchegante, onde tenho dezenas de milhares de amigos.

AGRADECIMENTOS

À minha mãe, minha maior referência em servir o próximo, sem querer nada em troca;

Ao meu pai, meu modelo de comprometimento, dedicação e caráter;

Às minhas irmãs, Lu, Chris e Lau, por darem sentido à palavra família e por me darem as sobrinhas e os sobrinhos mais queridos do mundo;

A todos os meus verdadeiros amigos e amigas, por serem "pratinhos inquebráveis" no meu malabarismo diário, por continuarem fiéis à nossa amizade, mesmo com a minha ausência;

Às pessoas que, em algum momento, me lideraram, me deram oportunidades e, de alguma maneira, influenciaram significativamente a minha carreira: Luís Otávio Gomes, Luciano Góes, Elionaldo Magalhães, Joaquim Pedro Monteiro de Carvalho Collor de Mello, Felipe Cavalcante, Larry Oberly, Lícia Gatto, Renato Teixeira, Ronaldo Moraes, Júlio Giron, Dario Cesar, Marinho de Gusmão e Luiz Alberto Amorim.

Aos acionistas da RE/MAX Brasil Beto Horst, Ricardo Setton, Renato Teixeira, José Luiz Monteis, Paulo Toledo, José Azevedo por me darem a oportunidade de liderar essa companhia e por apoiarem minhas decisões. Ao acionista Fernando Albuquerque, presidente do conselho, uma das grandes e boas surpresas que tive nos últimos anos, meu agradecimento especial, pela parceria, orientações, equilíbrio e confiança.

Aos meus grandes amigos Ernani Assis e Paulo de Vilhena, por terem estado ao meu lado, nos momentos mais desafiadores de transformação da RE/MAX Brasil;

Aos meus amigos e parceiros, Shawna Gilbert, Gustavo Caricote, Jan Reppa, Shawn Power, Anne Muller, James Schwartz Ill, Marianne Parker, além de todas os outros colegas da RE/MAX LLC, por sempre me apoiarem e por estarem ao meu lado na construção da nossa "visão";

A todos os Master franqueados, franqueados, *brokers*, agentes e *staffs* da família RE/MAX Brasil por estarem juntos, acreditando, trabalhando duro para fazer da operação brasileira uma referência internacional, sempre baseados nos nossos princípios e valores: ética, comprometimento, resiliência, parceria, foco, aprendizado e excelência;

Ao time da RE/MAX brasil, o qual eu faço parte, que não mede esforços para servir, em especial aos líderes Edinaldo

Rodrigues, Mozart Mattoso, Taiani Teixeira, Ana Sylvia Scansani, Paula Nogueira e Daiane Graciano por não me deixarem errar.

Ao meu amigo Rodrigo Cavalcante, minha maior referência no jornalismo, que durante horas e horas ouviu minhas ideias sobre este livro e, com toda paciência, fez inúmeras provocações, críticas e sugestões;

Aos meus queridos amigos João Kepler, Guilherme Machado, Ben Zruel por compartilharem comigo as percepções, estratégias, visões e sentimentos do que é colocar um livro no mercado editorial brasileiro.

A todo o time da Editora Gente, em especial Rosely, Carol, Audrya, Ricardo, Fabrício, Isabela, Dany, Bruna e Anna, por fazerem este projeto acontecer.

Escrever um livro é muito especial, mas escrevê-lo pela Editora Gente foi uma das melhores coisas que aconteceu na minha vida. Um sonho que começou há mais de 20 anos, numa ida ao aeroporto de Maceió levando um dos caras mais especiais que já conheci: Roberto Shinyashiki. A você, Roberto, minha eterna gratidão;

E às pessoas que me ajudaram, com suas experiências pessoais, a fazerem uma carta para o "Peixoto com 20 anos de idade": Adir Ribeiro, Agustin Celia, Augusto Saboia, Carla Sarni, Cris Correa, Denis Melo, Denis Santini, Diogenes Lucca, Ernani Assis, Felipe Cavalcante, Fernando Albuquerque, João Eduardo Rozário,

João Kepler, João Rozario, João Teodoro, Julio Giron, Lodovico Trevisan, Lucas Vargas, Luciano Guimaraes, Luciano Peixoto, Marcos Castro, Marta Gabriel, MC Marcos Cabelo, Mike Reagan, Noaldo Dantas, Nuno Gomes, Paulo de Vilhena, Paulo Toledo, Pedro Fonseca, Renato Teixeira, Ricardo Britto, Sandra Paschoal, Syntia Leite e Tania Capela.

À minha querida amiga Myrian Vallone, pelas inúmeras conversas e insights sobre comunicação e sobre a vida.

Por fim, gostaria de agradecer ao Rodrigo Portaro e ao Joni Galvão, duas pessoas que entraram na minha vida e que, juntos, estamos construindo uma "bela história".

SUMÁRIO

Prefácio 10

Introdução - Chegue lá sem culpa! 14

Capítulo 1 Sem saber o que fazer em Cannes 19

Capítulo 2 Onde está o seu GPS 43

Capítulo 3 Um emprego que valeu por um MBA 65

Capítulo 4 É impossível crescer sozinho 91

Capítulo 5 Trabalhe muito, trabalhe duro,
seja apaixonado pelo que você faz 109

Capítulo 6 Escolha um caminho e persevere 131

Capítulo 7 As pessoas são o mais importante 149

Capítulo 8 O mundo é dos obstinados 163

Capítulo 9 Faça cada trecho do caminho valer a pena 179

PREFÁCIO

Todo obstáculo é uma grande oportunidade de crescimento, e toda carreira de sucesso começa com o compromisso de solucionar as questões que o negócio apresenta.

Minha jornada começou em 1988, na Casa Verde – um bairro tradicional da zona norte de São Paulo – quando eu era ainda um menino e já tinha uma vontade enorme de melhorar o mundo.

Eu ouvia muito de um querido tio que o motor de um negócio são as vendas e foi isso que decidi fazer. Aos 17 anos, cometi o que, *na época*, julgava ser maior erro da minha vida: vendi uma encomenda de 2 mil ovos de Páscoa e depois descobri que o meu fornecedor não produzia o item que eu havia me comprometido a entregar.

Naquela ocasião, eu nem usava a palavra "empreendedorismo", mas foi então que aprendi algo que anos depois se tornaria um grande valor: comprometimento com o cliente.

Sem pensar duas vezes, encontrei uma senhora que fazia chocolates e fui para a cozinha. Aprendi o trabalho, virei noites e entreguei o produto – *eu faria de tudo para honrar meu compromisso.*

A partir dali, um sonho começou a tomar forma. Eram uma fábrica e uma loja que viraram mil, 2 mil... e aí os números não são tão importantes quanto nosso propósito de tocar e encantar a vida das pessoas através de experiências e impactos relevantes.

Quem olha a nossa história – *e me desculpem, mas não consigo falar no singular, pois é um sonho idealizado por mim, mas sonhado por muitas pessoas* – muitas vezes pergunta: "Alê, qual é o segredo?" E o que posso dizer é que nada acontece se você não tiver determinação, persistência e objetivos claros. O sucesso é uma questão de decisão, e o livro que está em suas mãos trata justamente disso.

Excelência para obstinados é um chamado para aqueles que não têm medo do trabalho, mas querem que o fruto de seu esforço seja algo que valha a pena, faça sentindo e honre seus valores.

A Cacau Show não é um negócio de chocolate, ela vai muito além disso: nós produzimos e entregamos pedaços de carinho e felicidade. O chocolate é um meio. Despertar um sorriso é o *porquê* da nossa inquietude por inovação e qualidade. Ao fim desta leitura, espero que o *seu porquê* também esteja claro.

Crescer profissionalmente é um desafio diário. Você precisa estar atento ao movimento do mercado, ter uma visão crítica para identificar as oportunidades no negócio, ter equilíbrio emocional, e *querer* viver em constante aperfeiçoamento...

Ou seja, é pesado. *Hard work*. Envolve sacrifícios de algo mais valioso do que dinheiro: tempo, mas as pessoas não costumam falar sobre isso, né? Em geral, só ouvimos a moral da história.

Peixoto Accyoli, autor desta obra, não teve medo de dizer a verdade. O caminho nunca é fácil e em vários momentos você precisará pedir ajuda, conselhos, em tantos outros passará 18 horas seguidas no escritório (ou na cozinha, como foi o meu caso) para honrar seu compromisso, e este livro, *acredite em mim*, poderá ser o divisor de águas da sua história.

Então, para que esta leitura valha a pena, quero lhe dar três recomendações:

1. Acredite em sua visão quando ela lhe mostrar uma oportunidade: entre a visão e a realização há um abismo que só pode ser atravessado com uma determinação acima da média. Para despertá-la, você precisa estar convicto da importância e do potencial da sua atitude hoje;

2. Tenha resiliência: uma história de sucesso demanda comprometimento em longo prazo;

3. Orgulhe-se da sua obra: faça do seu trabalho um canal para contribuir com o crescimento do outro. Seja empreendendo

dentro de um negócio próprio seja na empresa em que trabalha, una suas habilidades técnicas à construção de um negócio que se importa genuinamente com seus clientes e seus parceiros.

Espero que as próximas páginas o coloquem mais próximo de seus sonhos!

ALÊ COSTA

@alecacaushow

Fundador da Cacau Show

INTRODUÇÃO

CHEGUE LÁ SEM CULPA!

A todo momento somos impactados por diversas cobranças da sociedade, da família e, claro, de nós mesmos. No mundo dos negócios, vemos novas tecnologias, novos modelos de gestão, novas habilidades obrigatórias e, aparentemente, todo mundo está atualizado, menos nós. Nas redes sociais, tudo o que vemos são celebridades, influenciadores e profissionais que admiramos, vivendo vidas perfeitas, cheias de filtros coloridos, como num caleidoscópio. Acompanhamos diariamente essas pessoas e o que enxergamos, sempre, são as melhores versões delas: todos felizes, cuidando da saúde, ao lado de seus filhos e parceiros, fazendo lindas viagens (não parece que está todo mundo em Dubai, Paris ou Fernando de Noronha enquanto você trabalha? Eu tenho essa impressão). E, a cereja do bolo: essas pessoas vivem exaltando como sua existência é equilibrada.

Agora, pense um pouco: quantas vezes você já se sentiu frustrado ao ver a vida alheia? E, logo em seguida, se sentiu com raiva e injustiçado por não ter a mesma sorte que o vizinho? É como se fôssemos equilibristas com vários pratinhos rodando em cada uma das mãos e a missão de não deixar cair nada. Se um deles escapa, nos julgamos fracassados.

Certa vez, uma amiga me procurou dizendo estar mal, se achando péssima e sem rumo. Ela entrava no Instagram, via todo mundo se divertindo e se sentia pior ainda. Até o momento em que sugeri que ela entrasse no seu próprio perfil e ela descobriu que, para o Universo, naquele momento, ela também era uma mulher feliz. Quando nos pegamos em um contexto assim, acreditamos, muitas vezes, que estamos fazendo (quase) tudo errado, e passamos a nos achar incompetentes por esquecer uma data importante, por trabalhar 14 horas por dia, por não estar com as pessoas que amamos aos finais de semana (que é quando conseguimos fazer aquele curso de pós-graduação tão importante para a nossa carreira).

A sensação é de que vivemos em um grande Big Brother, julgados por olhos que, muitas vezes, existem apenas em nossas cabeças, e que, se não vencermos em todas as áreas da vida, não ganharemos o prêmio final. Por isso, vou te dar um conselho: livre-se desse peso! Ao menos, se não quiser enlouquecer. Ninguém tem uma vida perfeita assim. É irreal. As redes sociais não passam de um extrato daquilo que queremos mostrar aos outros. E ponto. Ali não entram as noites mal dormidas, o salário que acabou antes do final do mês, a briga com o cônjuge na véspera, o filho com febre ou o medo de perder aquele contrato.

Chega! Precisamos sair do mundo dos sonhos e colocar ambos os pés no chão e a cabeça bem firme sobre os ombros. O Brasil está em 1º lugar na escala global de ansiedade[1] isso tem de mudar. Ter consciência que não somos super-homens ou mulheres-maravilhas já é um bom começo. Você sempre irá falhar em algo – faz parte da natureza humana, é assim que aprendemos e evoluímos. Um ou mais pratos vão cair. A boa notícia é que, no jogo da vida, muitos desses pratos são quase inquebráveis e, com esforço e dedicação, você, no momento certo, poderá colocá-los para girar novamente.

Aos 20 anos, eu tinha muitos sonhos e muita vontade de vencer, mas tinha também uma boa dose de angústia. O típico pacote do início da fase adulta, mas, carregar esse nó existencial além desse ponto é tortura. Nunca fui um gênio, sempre fui uma pessoa mediana, por isso, descobri muito cedo que, para chegar aonde queria, eu precisaria fazer o dobro de esforço, e tudo bem. Acredito que, com trabalho, foco e compromisso, a gente chega lá.

Hoje, aos 45 anos, tenho uma bela história para contar. Seria muito cômodo olhar para o momento atual, no qual já tenho uma trajetória construída, e supor que a colheita veio sem muita

---

[1] "O Brasil é o país mais ansioso do mundo, segundo a OMS". *Exame*. Disponível em: <https://exame.abril.com.br/ciencia/brasil-e-o-pais-mais-ansioso-do-mundo-segundo-a-oms/>. Acesso em: 05 ago. 2019.

semeadura antes; mas, para chegar onde estou, passei por uma escalada sem cordas e sem pontos para descanso. Foram muitos anos de trabalho, muitos erros e acertos, fases de ascensão e queda. Muita culpa! E muita pressão. Aliás, pressão foi o que não faltava.

No entanto, aprendi que, quando queremos *de verdade* e nos preparamos para isso, com foco e com vontade, conseguimos conquistar nossos objetivos. Por isso, insisto: esqueça da bela história de ficar milionário trabalhando 4 horas por semana, é preciso trabalhar duro e ter consciência de que deverá, em certos momentos, abrir mão de algumas coisas para conquistar outras. Esse é o equilíbrio que você deve alcançar, saber colocar tudo na balança e analisar o que pode levar com você e o que precisa ser deixado de lado.

Não digo que é um processo indolor, mas garanto que pode ser muito mais simples e certeiro se você souber por onde começar. Sigamos, então, juntos numa jornada em que mostrarei como você pode alcançar os seus sonhos. Lembro apenas de que chegar lá não significa necessariamente ter dinheiro, poder, sucesso ou qualquer bem material. Significa, sim, conquistar algo que tenha significado para você e que o deixe totalmente realizado.

Peixoto Accyoli

CAPÍTULO 1

SEM SABER O QUE FAZER EM CANNES

Quantas vezes você não se flagrou sonhando com o dia em que poderá desbravar terras estrangeiras? Um dos momentos mais marcantes da minha vida, foi em 12 de março de 2007. Eu estava dentro de um dos centros de convenções mais importantes do mundo, o Palais des Festivals, em Cannes, onde acontece o famoso festival de cinema. Eu iria participar do MIPIM, considerado o mais importante evento de investimentos imobiliários do mercado internacional. Fui para lá coordenar o estande oficial do governo brasileiro, através da Associação Brasileira para o Desenvolvimento Imobiliário e Turístico (ADIT Brasil), fundada pelo meu amigo Felipe Cavalcante. Na época, eu era o diretor executivo da entidade.

O nosso boxe era o de número 1107, nunca vou me esquecer disso. Montamos um estande de encher os olhos, de um colorido impecável, repleto de flores tropicais. Nem acreditamos quando ficou tudo pronto. A escolha por uma decoração que explorasse a nossa flora foi a melhor estratégia que encontramos para chamar atenção para o nosso espaço, já que não tínhamos dinheiro para construir um projeto equivalente ao dos outros estandes, que esbanjavam alta tecnologia.

A nossa alegria, no entanto, não duraria muito tempo. Na véspera do início do evento, às 23h30, dois representantes da brigada de incêndio do local vieram inspecionar nosso espaço. Com um isqueiro aceso, um deles se aproximou das plantas decorativas que preenchiam, de cima a baixo, todo o boxe. Nada aconteceu. Uma nova tentativa foi feita, tudo igual. Na terceira vez, uma brasinha numa folha fez com que a nossa decoração fosse vetada. Exatamente: tudo foi por água abaixo perto da meia-noite, um dia antes da inauguração da feira. Não adiantou conversar nem dar chilique, fosse em inglês ou em português. Para acabar logo com aquilo, eu mesmo comecei a desmontar o estande, arrancando todas as plantas, sob o olhar perplexo e choro desesperado da nossa arquiteta, Mirna Porto.

O que poderíamos fazer depois dessa grande frustração? Não havia outra opção, tínhamos de montar novamente o espaço do jeito que desse, com paredes lisas mesmo. A nossa intenção era transformar nosso estande em um pedacinho do Brasil, utilizando a atmosfera criada pelas plantas para chamar a atenção dos investidores para o mercado imobiliário do nordeste brasileiro. Porém, daquele momento em diante, tivemos de nos contentar com alguns poucos e pequenos arranjos – e com o nosso poder de convencimento, é claro – para conversar com os potenciais interessados.

Permanecemos lá até as 8h da manhã. Não ficou incrível, mas fizemos o nosso melhor. Já aprendi, há algum tempo, que o caminho é geralmente mais difícil do que parece. Aquele foi o resultado possível, fruto de muito esforço. Fomos em frente do jeito que conseguimos. Só deu tempo de voltar para o hotel, tomar um banho e vestir um terno para o primeiro dia de evento.

Dessas reviravoltas, das dificuldades com as quais a gente precisa lidar o tempo todo, é que é feita a trajetória de todos nós. A gente vê os artistas do Cirque du Soleil, fica impressionado com o que eles conseguem fazer em números que levam três minutos e não nos damos conta de que aquela breve cena exigiu horas e horas de exaustivos ensaios, todos os dias, por meses antes da estreia.

Ninguém vive em estado de plenitude, com a vida totalmente em ordem, como numa foto do Instagram, embora seja esse o único lado da história que costumamos ver. O grande problema é que, cada vez mais, nos sentimos pressionados a seguir determinados modelos, mesmo sabendo que eles não são reais. Quando nos sentimos cansados, com dúvidas a respeito das nossas escolhas, vemos essas imagens e achamos que estamos fazendo tudo errado. Começamos a achar que não trabalhamos tanto quanto deveríamos e que os resultados que obtemos não são suficientes. Como consequência, passamos a viver cheios de culpa.

Para se ter uma ideia, apenas seis em cada dez brasileiros se sentem totalmente respeitados no ambiente de trabalho.[2] A constatação é de pesquisa da Hello Monitor Brasil. Chama a atenção o fato de que empresas excelentes para trabalhar deveriam ser maioria e não exceção. Infelizmente, elas são raras, o que só reforça a importância de estarmos atentos, o tempo todo, ao rumo de nossas carreiras. Devemos pensar naquilo que nos faz bem, em onde devemos trabalhar, se numa organização, como é o meu caso, ou por conta própria, empreendendo, tocando projetos, por exemplo.

Nessa linha, a despeito do que acontece nos ambientes corporativos, veja você, os trabalhadores estão mais conscientes do que querem para si, já refletem sobre valorização e qualidade de vida com mais frequência. É exatamente sobre isso que eu estou falando aqui, de satisfação, e de trazer para si a responsabilidade pela sua felicidade. Se as coisas não estão bem, é você quem precisa mudar, se mexer, ver onde deve estar para realmente se sentir feliz.

---

[2] TAWIL, Marc. "Apenas 6 em cada 10 brasileiros se sentem totalmente respeitados em seu ambiente de trabalho". Disponível em: https://epocanegocios. globo.com/colunas/Futuro-do-trabalho/noticia/2019/03/apenas-6-em-cada-10-brasileiros-se-sentem-totalmente-respeitados-no-trabalho.html. Acesso em: jul.2019.

JÁ APRENDI HÁ ALGUM TEMPO QUE O CAMINHO É GERALMENTE MAIS DIFÍCIL DO QUE PARECE.

Conforme pesquisa da Love Mondays, plataforma de avaliação de ambientes de trabalho[3], entre as quatro tendências profissionais de 2019 está o chamado "empoderamento de funcionários". Ter mais poder, nesse caso, está ligado ao sentimento de cobrar posições éticas das empresas, o querer ver seus líderes de fato agindo segundo aquilo que pregam.

A valorização da qualidade de vida é outro ponto destacado no estudo. E isso não quer dizer trabalhar pouco ou ter um SPA à disposição dos funcionários na hora do almoço. Nesse ponto, conforme o levantamento, o principal indicador de satisfação no escritório não é o salário, mas a cultura e os valores de cada corporação. Em seguida, são apontados como importantes a qualidade da liderança e as oportunidades de carreira oferecidas.

Só posso concluir que há cada vez mais profissionais atentos ao próprio crescimento no mercado. Vejo menos acomodação, o que considero ótimo.

Para mim, o que importa é o que a gente consegue fazer com aquilo que tem. Saber viver, trabalhar, construir os nossos caminhos mesmo que as condições sejam adversas. É o que eu busco na vida e, pelo visto, há cada vez mais gente buscando o mesmo.

---

[3] BARBOSA, Suria. "Pesquisa da Love Mondays revela 4 tendências do mundo profissional em 2019". Disponível em: https://www.napratica.org.br/love-mondays-pesquisa-tendencias/. Acesso em: jul.2019.

SERÁ QUE EU MEREÇO?

Vamos falar muito sobre carreira e crescimento nas próximas páginas, e não dá para avançarmos nesses temas sem falarmos sobre as assombrações que nos visitam quando trilhamos a jornada de desenvolvimento. Assim, quero começar esta conversa expondo e refletindo sobre as minhas assombrações pessoais.

Aqui está a primeira delas: **o complexo de vira-lata**. O termo foi cunhado pelo genial escritor e dramaturgo Nelson Rodrigues, numa crônica nos anos 1950. Segundo ele, o tal complexo representaria "a inferioridade em que o brasileiro se coloca, voluntariamente, em face do resto do mundo. Isto em todos os setores e, sobretudo, no futebol".[4] Vale lembrar que em 1950 o futebol brasileiro ainda não havia conquistado nenhuma de suas cinco Copas do Mundo e, pior, vivia a tragédia da perda do título para o Uruguai diante de 200 mil pessoas no Maracanã, numa ferida que só encontraria paralelo no fatídico 7 x 1 para a Alemanha na Copa de 2014, no Mineirão. O tal complexo, portanto, é essa mania que muita gente tem de achar que aquilo que vem de fora é sempre melhor. Ou seja, muitos pensam que, no fundo, não somos capazes de atingir a excelência.

Na prática, nós, brasileiros, não aceitamos assumir a condição de sujeitos ativos, capazes de nos destacarmos pelas

---

[4] JADE, Liria. "Complexo de vira-latas: sentimento de inferioridade começou no período de colonização". Disponível em: http://www.ebc.com.br/esportes/copa/2014/06/complexo-de-vira-latas-sentimento-de-inferioridade-comecou-no-periodo-de. Acesso em: 5 ago. 2019.

O QUE IMPORTA
É O QUE A GENTE
CONSEGUE FAZER
COM AQUILO
QUE TEM.

nossas próprias características, sem ter de seguir condutas alheias, sem precisar copiar as culturas de outros países, considerando-as sempre "superiores" à nossa. Daí vem o complexo, o rebaixamento, a sensação de ser "perdedor". Isso é muito forte em nós!

Nasci em Maceió, capital de Alagoas, um dos menores e mais pobres estados do Brasil. Sempre tive minhas próprias ideias, tomava a iniciativa de tirar meus planos do papel, mas, lá no fundo, sempre me questionava sobre como aquilo poderia dar certo tendo começado numa cidade "tão pequena" e sob a iniciativa de um sujeito "tão comum" como eu. Era a crença limitante do complexo de vira-lata, tão forte em mim.

Acredito que esse meu comportamento, segundo Nelson Rodrigues comum a tantos brasileiros, também se baseia nas minhas referências familiares.

Ao longo da vida, sempre senti certa desconexão por ser filho de um funcionário público importante, que ocupou o primeiro escalão de vários governos estaduais e cargos estratégicos no governo federal, além de ser professor da Universidade Federal de Alagoas. Um homem que se dedicou muito aos livros para conquistar cada um de seus objetivos.

Sou o mais velho de uma família de quatro filhos. Depois de mim, vieram três mulheres. Depois uma outra irmã, do segundo casamento do meu pai. Dele, não herdei o perfil acadêmico.

A vontade de meu pai, seria que eu me formasse em alguma faculdade renomada e depois concluísse uma excelente pós-graduação. Quem sabe até um mestrado ou doutorado. Além disso, ele certamente me imaginava aprovado em um concurso público que me rendesse estabilidade financeira e um ótimo salário. Mas esse não era o percurso de vida que eu sonhava para mim.

Aos 15 anos, tirei a minha carteira de trabalho e pedi à minha mãe autorização para trocar a escola regular que frequentava, uma das mais tradicionais da minha cidade, pela Escola Técnica de Comércio. Ela consentiu e logo consegui um estágio na Caixa Econômica Federal. Dali, não parei mais.

Sempre priorizei o trabalho, queria empreender e fazer coisas novas o máximo que pudesse. Esse espírito sempre me desafiou a ir cada vez mais longe, mas em muitos momentos também fez com que eu me perguntasse se estava decepcionando minha família, ou, pior, se eu seria capaz de chegar onde queria.

SERIA EU UM IMPOSTOR?

Assim como o complexo de vira-lata, há outro fantasma que me assombra. Um dos mais comuns, eu diria: **a síndrome do impostor**. Não faz muito tempo, fiquei sabendo que até a superpoderosa Michelle Obama, ex-primeira dama dos Estados Unidos, já passou por isso.[5] O seu relato levou muita gente a pensar sobre o assunto e, principalmente, a admitir que sentia o mesmo.

Em resumo, a síndrome do impostor consiste em uma crença interior que nos leva a achar que nunca estamos à altura de nossas conquistas. É como se, a qualquer momento, nossas incompetências pudessem ser descobertas. Como se fôssemos impostores, não dignos de reconhecimento ou sucesso.

Veja você o que Michelle Obama falou sobre isso publicamente: "Hoje em dia, crianças mais jovens chamam isso de Síndrome de Impostor. Sentem que não cabem ali, não pertencem. Eu tive que trabalhar duro para superar aquela pergunta que (ainda) faço a mim mesma: 'Eu sou boa o suficiente?'. É uma pergunta que me persegue por grande parte da minha vida. Estou à altura disso tudo? Estou à altura de ser a primeira-dama dos Estados Unidos?".

Essa insegurança que sentimos vem, muitas vezes, por acreditarmos que aqueles à nossa volta, principalmente no trabalho, são muito mais competentes e preparados do que nós. Sobre isso, ela também faz uma reflexão:

"Vou contar um segredo. Já me sentei ao redor das mesas mais poderosas que você pode imaginar. Organizações sem fins lucrativos, fundações. Já trabalhei em corporações, participei de

---

[5] *BBC*. "Síndrome de impostor: O que é e como você pode lidar com ela." Disponível em: https://www.bbc.com/portuguese/curiosidades-46705305. Acesso em: 5 ago. 2019.

cúpulas dos G(8), das Nações Unidas... Eles não são tão inteligentes assim."

Identificada na década de 1970 pelas psicólogas norte-americanas Pauline Rose Clance e Suzanne Imes,[6] a síndrome afetaria 70% da população mundial. Um número assustador, que tende a aumentar. As redes sociais, cada vez mais, passam a impressão de que todos vivem vidas perfeitas e nós estamos, o tempo todo tentando mostrar para aqueles que nos acompanham na Internet o nosso melhor. E, se escolhemos postar apenas os momentos gloriosos, ficamos com a impressão de que estamos escondendo alguma coisa, sendo impostores. Criamos assim um desafio público, frequente, de apresentar uma imagem de perfeição que temos plena consciência de que não existe na vida real.

Há inclusive alguns testes[7] para identificar se você sofre da síndrome do impostor. Entre as características que ajudam diagnosticar o problema estão: a necessidade de se esforçar demais, a autossabotagem, o medo de se expor, a comparação com os demais, o desejo de querer agradar a todos o tempo todo, entre outros.

---

[6] CROTEAU, Jeanne. "Imposter Syndrome: Why it's Harder Today Than Ever." Disponível em: https://www.forbes.com/sites/jeannecroteau/2019/04/04/imposter-syndrome-why-its-harder-today-than-ever/#487dec459ac5. Acesso em: 31 jul. 2019.

[7] "O que é síndrome do impostor e como tratar." *Tua saúde*. Disponível em: https://www.tuasaude.com/sindrome-do-impostor/. Acesso em: 31 jul. 2019.

O tratamento, é claro, tem de ser feito com terapia e com o desenvolvimento do hábito de falarmos de verdade sobre nossos sentimentos. Eu realmente acredito no poder de cura da conversa. Se algo o incomoda, fale, coloque para fora, desabafe com quem você confia.

Especialista no assunto, a psicóloga norte-americana Valerie Young[8] recomenda dez passos para superar o problema. São eles:

1. Quebre o silêncio e tome a atitude libertadora de falar sobre como você se sente;

2. Separe sentimentos de fatos concretos. A lógica aqui é: todo mundo se sente idiota de vez em quando, o que não quer dizer que você seja mesmo um incapaz. Sempre que você se sentir um perdedor, tente fazer uma pausa e analisar a situação que desperta este sentimento;

3. Reconheça os momentos em que você realmente se sente uma fraude. É normal se sentir inadequado em algumas situações;

4. Valorize as suas atitudes positivas, aquilo que você faz bem, e perdoe-se por seus erros;

5. Encare seus erros de outra maneira. Em vez de se torturar quando as coisas não saem conforme o planejado, faça como

---

[8] YOUNG, Valerie. "10 Steps You Can Use to Overcome Impostor Syndrome." Disponível em: https://impostorsyndrome.com/10-steps-overcome-impostor/. Acesso em: 31 jul. 2019.

os atletas de alta performance e use as dificuldades a seu favor, treinando mais e mais até acertar;

6. Estabeleça regras mais realistas, sem se cobrar tanto. Afinal de contas, assim como todas as pessoas, você também tem direito de errar;

7. Escreva um novo roteiro para velhos sentimentos. Quem sofre com a síndrome do impostor e começa um novo emprego, por exemplo, já entra com a sensação de que um dia vai ser desmascarado. Que tal trocar essa mentalidade pela noção de que, mesmo não tendo ainda todas as habilidades que a função requer, você tem plenas condições de aprendê-las com o tempo?;

8. Visualize o sucesso. Simples assim: crie uma imagem mental de um momento bem-sucedido no qual você é o protagonista;

9. Ofereça recompensas a si mesmo. Quebre o ciclo vicioso de sempre se colocar para baixo, acolha-se, premie-se de vez em quando;

10. Acredite que você pode fazer aquilo que, na verdade, você ainda não pode. Não é sempre que estamos plenamente preparados para encarar uma situação, mas, de todo modo, precisamos seguir em frente. Pense, por exemplo, naquelas pessoas que não dominam completamente o inglês, mas não deixam de conversar, do jeito que podem,

MUITOS PENSAM QUE, NO FUNDO, NÃO SOMOS CAPAZES DE ALCANÇAR A EXCELÊNCIA.

com um estrangeiro em alguma reunião importante de trabalho. Esta é a questão aqui: ter iniciativa e acreditar que é possível. Um dia, com confiança, será.

Essa boa dose de cara de pau descrita no item dez eu realmente tenho. Sou sortudo por ter nascido falante e relativamente extrovertido. Falo mesmo, vou atrás das respostas e me mexo quando identifico algum sentimento que sei que precisa ser trabalhado.

Não é fácil lidar com a síndrome do impostor. Quem passa por isso tende a se limitar e precisa tomar muito cuidado para não se boicotar diante de grandes oportunidades.

Sempre busco refletir sobre o tema e permaneço em constante alerta para me proteger. Nesse ponto, a sombra da diferença entre o meu perfil profissional e o do meu pai ainda me gera alguns conflitos internos.

No meu caso, vejo com clareza o impacto da educação que recebi. Querendo fazer o melhor por mim, disso nunca duvidei, meu pai sempre quis que eu me encaixasse no modelo mais tradicional de educação. Ao me orientar, alertava que mais cedo ou mais tarde eu seria "desmascarado" por não ter seguido o que ele entendia como o roteiro do sucesso: diploma numa universidade de primeira linha, seguido por mestrado e doutorado. Essa espécie de kit-padrão para muita gente.

Na contramão disso tudo, levei quase dez anos para me formar em Administração de Empresas, tendo mudado algumas vezes de faculdade. Não via sentido em me dedicar a aulas e estudos que me pareciam tão distantes da realidade. E sentia que aprendia muito mais com o meu trabalho, viabilizando desde sempre os meus projetos. Em compensação, depois do turbulento processo de graduação, tive uma ótima experiência na especialização e no MBA, cursos aos quais me dediquei com prazer, acreditando naquilo que aprendia. De toda forma, por ter seguido um percurso diferente do que haviam planejado para mim, eu me sentia deslocado, fora dos padrões, ou seja, um impostor.

No livro *Erros fantásticos*,[9] de Neil Gaiman, o autor destaca a síndrome do impostor como "o primeiro problema de qualquer tipo de sucesso". Ele ainda fala abertamente, em primeira pessoa, sobre isso: "Estava convencido de que bateriam à minha porta e um homem com uma prancheta [...] estaria lá para me dizer que era o fim, que eles haviam me pegado e que agora eu teria que arranjar um emprego de verdade, um trabalho que não fosse inventar coisas e colocá-las no papel [...]. Então eu sairia em silêncio e arrumaria um emprego no qual não tivesse que inventar mais nada".

---

[9] GAIMAN, Neil. *Erros fantásticos: O discurso "Faça boa arte"*, de Neil Gaiman. Rio de Janeiro: Intrínseca, 2014.

CONSEGUIMOS AVANÇAR: COM PREPARO, PLANEJAMENTO, FOCO E VONTADE.

Gosto muito desse livro, e não é difícil entender o porquê. Assim como Gaiman, acredito que nos resta tentar nos defender das nossas fragilidades.

O caminho será sempre mais difícil do que parece, como já comentei ao contar da minha saga de executivo e "ajudante de decorador" em Cannes. Mas, se queremos ser pessoas realizadoras, precisamos estar prontos para lidar com todas as adversidades.

Para isso, gosto de olhar para mim mesmo, para as minhas características pessoais, e trabalhar intensamente para transformar minhas fragilidades em força. Se eu não nasci num estado grande ou não tenho uma formação acadêmica de dar inveja, preciso tentar ser um excelente gestor na empresa em que trabalho ou ser o melhor CEO possível na rede de franquias da qual sou presidente. E é por isso que me dedico ao máximo, tento ouvir todo mundo que possa me ensinar alguma coisa e mantenho livre o acesso à minha sala. Estou o tempo todo em busca de aperfeiçoamento. Diante disso, muitos falam que eu trabalho muito. E talvez seja verdade, mas, para que eu realize as entregas às quais me proponho, não vejo outra opção.

USANDO A SÍNDROME A MEU FAVOR

Hoje em dia, posso dizer que aprendi a usar a síndrome do impostor a meu favor. Por conta desse "problema", obrigo-me não só a trabalhar muito e a entregar mais do que é preciso, mas também a estudar mais e investir em qualificação, fazendo cursos em todas as áreas, mesmo aquelas bem distantes da minha.

Em um artigo no site da revista *Forbes*,[10] a coach Caroline Castrillon escreveu sobre esse tema, destacando como a síndrome pode ser positiva. Segundo ela, nós, que nos sentimos impostores, normalmente nos comprometemos mais com tudo aquilo que fazemos. Além disso, não costumamos ficar na zona de conforto por muito tempo e estamos sempre em alerta.

Quer mais? Segundo Castrillon, ao sofrermos com a síndrome do impostor estamos sempre nos desafiando a evoluir, temendo sermos desmascarados a qualquer momento.

Também não caímos nas armadilhas do ego, que são tão comuns na vida daqueles que se acham mais do que realmente são. A gente se acha menos, o que é ruim, claro, mas esse sentimento também nos obriga a buscar evolução o tempo todo. Queremos aprender, aprender e aprender sempre.

No fim das contas, a síndrome não deixa de ser um trunfo a mais na hora de lutar pelos nossos sonhos, mesmo que o preço, para quem com ela sofre, seja alto.

---

[10] CASTRILLON, Caroline. "Why imposter syndrome can be a good thing." Disponível em: https://www.forbes.com/sites/carolinecastrillon/2019/01/27/why-imposter-syndrome-is-a-good-thing/#6ffdf999472a. Acesso em: 31 jul. 2019.

UM SONHO GRANDE

Além da importância do autoconhecimento, que nos permite reconhecer nossos pontos fortes e fracos, uma característica comum às pessoas mais talentosas que já conheci é o entusiasmo em aprender sempre com os melhores. Daí a minha paixão pelas palestras e pelos livros sobre gestão e sobre como fazer as coisas acontecerem.

Uma das obras que me ensinou muito sobre a importância de estarmos sempre prontos para tudo foi *Sonho grande*,[11] da jornalista Cristiane Correa, sobre a história dos grandes executivos Jorge Paulo Lemann, Marcel Telles e Beto Sicupira. O livro aborda como o trio de empresários brasileiros criaram uma grande empresa. Da criação da InBev à compra da Anheuser--Busch, o que criou a AB InBev, a maior cervejaria do mundo, falamos de um negócio de 52 bilhões de dólares, cheio de reviravoltas até ser concretizado. No fim das contas, a operação só deu certo porque havia um plano muito bem amarrado, com objetivos bem definidos e profissionais prontos para agir com determinação. Eles foram persistentes e não se intimidaram. Simples assim.

Como escreveu Correa:

"Não importa que as principais empresas controladas por eles - AB Inbev (dona da Ambev), Lojas Americanas (dona

---

[11] CORREA, Cristiane. *Sonho grande*. Rio de Janeiro: Sextante, 2013.

da B2W), Burger King e São Carlos - valham, juntas, mais de 160 bilhões de dólares. Não importa que Ambev, Lojas Americanas e São Carlos tenham uma rentabilidade de histórica média de 25% ao ano desde que começaram a ser administradas por eles. Jorge Paulo Lemann, Marcel Telles e Beto Sicupira continuam à caça de oportunidades para avançar, sempre se apoiando nos seus pilares originais: meritocracia, corte de custos, melhoria contínua."

Na minha modesta opinião, é só assim que conseguimos avançar: com preparo, planejamento, foco e vontade. Sempre tive sonhos grandes – ou fui megalomaníaco, como preferem dizer alguns dos meus amigos – na minha vida e sempre corri atrás para alcançá-los.

E você, qual é o seu mais ambicioso projeto? O que vai fazer para tirá-lo do papel, da planilha, da cabeça, do coração?

Vamos seguir juntos nesse processo de organização das ideias? No próximo capítulo, falaremos especificamente da definição de objetivos claros. Pronto para começar a arregaçar as mangas? Nada de se deixar levar pelo complexo de vira-lata nem pela síndrome do impostor, combinado?

CAPÍTULO 2

ONDE ESTÁ O SEU GPS?

Minha filha mais velha, Sofia, mora em Maceió. Agora, imagine que eu decida fazer uma viagem de carro de São Paulo até lá para visitá-la. No entanto, eu simplesmente resolvo abrir mão de usar um GPS nessa jornada. Com isso, pego a primeira estrada que vejo e, sem rumo, dirijo por um tempo absurdo, até enxergar uma placa... estou em Porto Alegre! Como fui parar no Rio Grande do Sul? Nesse caso, eu teria passado catorze longas horas ao volante para ir e me veria obrigado a encarar outras catorze para voltar, somando 2.270 quilômetros percorridos em vão.

Certa vez, apresentei esse exemplo durante uma aula que ministrei para estudantes de um curso de MBA e perguntei aos alunos como eles me classificariam tomando por base o erro acima. Fui estimulando a turma a falar e eles acabaram soltando termos como: desorientado, sem foco, idiota, burro e daí para pior.

Tudo isso para concluir o seguinte: alguém só sai de carro de São Paulo rumo a Maceió, mas acaba chegando a Porto Alegre se não tiver planejamento e objetivos claros. Ou seja, se não tiver traçado uma rota. O exemplo exagerado, entretanto, é para que você reflita sobre quantas pessoas realmente vagam por aí sem rumo, todos os dias, desperdiçando muito mais do que 28 horas e 2.270 quilômetros em suas vidas? Percebe a gravidade dessa situação? É assim com você?

Onde está o seu GPS? Será que vem sendo usado corretamente?

Em primeiro lugar, precisamos ter nossos desejos bem definidos e, então, assumí-los. Parece óbvio, mas não é. Há muitas pessoas desperdiçando uma quantidade imensa de tempo e energia simplesmente por falta de planejamento.

Quando criamos a ADIT, éramos uma dupla, o empresário Felipe Cavalcante, que sempre considerei um gênio, e eu. Visionário, Felipe era a pessoa que sonhava e planejava, que ambicionava que nosso negócio fosse reconhecido pelos principais investidores e veículos de comunicação do mundo. E eu era quem fazia as coisas acontecerem, dividindo sonhos e fazendo com que os planos se materializassem. Ao longo de três anos à frente da diretoria executiva da ADIT, conseguimos reunir centenas de investidores de fora do país (alguns dos mais importantes do mundo) e colocar o Brasil como destino de investimento de destaque em veículos de comunicação como *The Times*, *Le Monde*, *El País*, *El Mundo*, entre outros. Sempre soubemos que era preciso sonhar alto e trabalhar duro e de maneira estratégica para que pudésse-mos atingir os nossos objetivos.

Recebemos muitas críticas e houve até quem nos acusasse de gastar o dinheiro da entidade para fazer turismo na Europa, mas tínhamos um objetivo muito claro e sabíamos que estáva-mos no caminho certo. Seguimos em frente por um motivo muito simples: acreditávamos no nosso sonho. Não era fácil ouvir essas coisas, mas, como costumava dizer o Felipe: "No final, o que vale é o resultado".

Há alguns anos, tive acesso a um estudo publicado no livro *As 4 disciplinas da execução*,[12] um trabalho que me chamou muita a atenção e que consolidou diversos princípios nos quais sem-pre acreditei. A pesquisa aponta que, se temos como meta a realização de dois, no máximo três, objetivos, conseguimos dar conta do recado. Mas, se temos em mente entre quatro e dez objetivos, é muito provável que só consigamos cumprir um ou dois deles. Além disso, se buscarmos alcançar mais do que dez metas simultaneamente, nada será feito.

Ou seja, de nada adianta sair atirando para todo lado, agin-do com dispersão. Muitas metas que acabamos por definir em nossas vidas só servem para tirar a nossa atenção daquilo que realmente importa. Funciona mais ou menos como as inúmeras

---

[12] COVEY, Sean. MCCHESNEY, Chris. HULING, Jim. *As 4 disciplinas da execu-ção: garanta o foco nas metas crucialmente importantes*. Rio de Janeiro: Alta Books, 2018.

promessas pessoais que quase todos fazemos no dia 31 de dezembro: aprender a falar inglês, a tocar um instrumento, fazer dieta ou começar a fazer exercícios regularmente. Se você quer alcançar tantos objetivos ao mesmo tempo, vai acabar por não alcançar nenhum. Pode esquecer!

A seguir explico cada uma das disciplinas descritas no livro *As 4 disciplinas da execução*, que me ajudam até hoje a lidar com os meus problemas e a conseguir agir. Faço isso com pequenas adaptações, para que elas sirvam não apenas para o mundo dos negócios, mas para a vida de maneira geral.

☐ Foque no que é realmente importante. Avalie criteriosamente o que está sob sua responsabilidade nesse momento. Há tarefas urgentes, importantes, dispensáveis, que podem ser delegadas. Procure manter o foco nas suas reais prioridades. Só assim será possível otimizar sua energia, seu tempo e seus recursos;

☐ Trabalhe para alcançar sua meta. Faça um planejamento e siga em frente com ele. É preciso ter obstinação (vamos falar sobre isso mais adiante) e seguir cada um dos passos que você traçou. Essa dica pode até parecer simples, mas são pouquíssimas as pessoas que conseguem não desviar o caminho;

☐ Crie um placar e avalie os resultados que você está alcançando. Não tenha medo de encarar a verdade. O que, de fato, está dando certo? O que precisa ser revisto? A sua ideia está funcionando na prática ou precisa ser modificada? Reflita;

☐ Acompanhe seus resultados semanalmente. Escolha um dia na semana para o seu momento de balanço. E não abra mão disso: feche a agenda por uma ou duas horas e se concentre nessa tarefa.

A ideia é que esses princípios possam ser aplicados a qualquer projeto de negócios e também aos seus objetivos pessoais, basta adaptar os conceitos.

Para isso nem é preciso ir muito longe ou ler livros e mais livros de negócios e produtividade. Basta ter em mente aqueles ditados da sabedoria popular, como: "É melhor ter um passarinho na mão do que dois voando" ou "Se você persegue dois coelhos ao mesmo tempo, não vai pegar nenhum".

SOBRE PRIORIDADES E CONSEQUÊNCIAS: TUDO TEM UM PREÇO

Bato muito na tecla do foco e da definição criteriosa dos objetivos porque essas escolhas vão determinar o que é realmente importante para você, aquilo que vai ocupar grande parte dos seus dias, da sua rotina e da sua vida.

Amo a minha família e o meu coração está sempre com a minha esposa e com os meus filhos, Sofia e Pedro. Porém, por conta do meu trabalho, viajo muito e passo horas e mais horas no escritório. Diante disso, não consigo estar com eles tanto quanto gostaria. Para mim, este é o custo mais alto de fazer aquilo que me realiza.

Eles sentem, é claro, mas entendem que sou como sou e que a minha felicidade está muito associada à minha realização profissional. E também sei que eles não mereciam estar ao lado de um homem que se sentisse fracassado. Aliás, o que pode ser pior do que a companhia de uma pessoa frustrada? Definitivamente, não quero isso para mim, muito menos para eles. De todo modo, sempre procuro compensar investindo na qualidade do tempo que temos juntos, no cuidado com as relações, no carinho e na confiança.

Quando começar a refletir sobre projetos de vida e objetivos, é importante que você leve todos esses fatores em conta. É crucial que você saiba que, ao definir alguns objetivos, outros serão preteridos. Parece óbvio, mas não é tão simples assim. Precisamos ter clareza daquilo que iremos abrir mão para atingir nossos objetivos. Muitas pessoas deixam seus planos pelo caminho porque não analisaram com antecedência as perdas que eles poderiam acarretar.

No meu caso, tento fazer da minha rotina de trabalho à frente da RE/MAX, franqueadora multinacional norte-americana

EM PRIMEIRO LUGAR, PRECISAMOS TER NOSSOS DESEJOS BEM DEFINIDOS E, ENTÃO, ASSUMI-LOS.

número um no seu setor imobiliário, uma experiência prazerosa. Criamos uma família na empresa. Para mim, no fim das contas, é tudo uma coisa só. Não consigo separar vida profissional de vida pessoal e me sinto verdadeiramente envolvido com todas essas facetas que, juntas, compõem os relacionamentos que dão sentido à minha jornada.

Se viajo tanto, se trabalho tantas horas por dia, esse tempo fora de casa precisa ser agradável, precisa ser vivido ao lado de pessoas boas, valiosas, que tenham sonhos e queiram fazer acontecer. Gente que me inspira e me ensina. Não faria sentido de outra maneira, não é mesmo? Pense nisso. E esteja cercado dos melhores sempre que puder, daqueles que vão ajudá-lo a vencer.

NÃO TRABALHE POR DINHEIRO

Outro ponto fundamental nessa busca pelos seus objetivos é: não trabalhe por dinheiro. Eu sei, você tem contas a pagar e elas são altas e não param de chegar. Eu também as tenho e estou atento a todas elas. Mas, acredite, não é conversa fiada. O que quero dizer é que o dinheiro é uma consequência, o efeito colateral de um trabalho bem feito. Esteja verdadeiramente envolvido, dê o seu melhor, confie em você, faça a diferença e então o dinheiro virá. Pode apostar nisso.

Sobre isso, Neil Gaiman afirmou:

"Não sei se isso é uma questão para mais alguém além de mim, mas o fato é que nada que eu tenha feito exclusivamente por dinheiro jamais valeu, exceto como uma amarga lição. E, em geral, também acabei sem o dinheiro. As coisas que fiz porque estava animado, porque queria de verdade que elas existissem, nunca me desapontaram, e nunca me arrependi do tempo que dediquei a esses projetos."

Eu concordo com cada uma das palavras dele.

Não gosto da banalização do termo "propósito", que parece estar na moda e que muita gente passou a empregar em afirmações que faz da boca para fora. Mas a verdade é que o mundo mudou e as pessoas realmente procuram verdade, coerência, consciência e ética quando pensam em produtos e serviços. Ninguém quer se vestir com roupas de uma marca que escraviza seus profissionais. Ninguém quer levar para a casa o chocolate feito com trabalho infantil, o detergente cuja fábrica polui os rios da cidade na qual está sediada. Não se trata apenas de lucro. As pessoas hoje estão atentas a muito mais do que isso. E as empresas – e seus gestores – serão cada vez mais cobradas pela sua conduta e responsabilidade social, ambiental e ética.

MUITAS METAS QUE ACABAMOS POR DEFINIR EM NOSSAS VIDAS SÓ SERVEM PARA TIRAR A NOSSA ATENÇÃO DAQUILO QUE REALMENTE IMPORTA.

Sendo assim, negócios não podem ser guiados somente pelo dinheiro, mas sim pelo valor daquilo que entregam a seus clientes e parceiros; pela diferença que seu projeto faz no mundo. É uma questão de compromisso, engajamento, ética e correção. Não há outra saída. E quem ainda não percebeu isso, não está ameaçado de extinção, mas, na verdade, já está extinto e ainda não se deu conta.

Faça a coisa certa, pense no que é melhor para todos, ajude a transformar a vida das pessoas. Agora, você deve estar se perguntando: "E como fica o meu dinheiro nessa história?". Acredite, ele vai correr desesperadamente atrás de você.

NA PRÁTICA:
ANTES DE AGIR, PLANEJE

Para começar, é preciso estar preparado mentalmente e ser pragmático. Avalie se chegou a hora de agir. No fundo, a gente sempre sabe.

Também é muito importante definir o seu porquê, o seu motivo para agir. Sem motivação, será sempre mais difícil se manter no caminho. Você nunca vai colocar toda sua energia em um projeto se não acreditar muito nele, se não conseguir identificar como essa ideia pode ser boa para você e para a sociedade.

Por isso é fundamental que, neste momento, você faça a si mesmo algumas perguntas:

- ☐ Você tem objetivos? Já parou para pensar seriamente neles? Quais são? Tenha essas definições claras antes de mais nada;
- ☐ Como escolher seus objetivos? Lembre do que falamos acima sobre o porquê, sobre fazer a diferença;
- ☐ Indo um pouco além, pergunte-se também: Quantos objetivos eu tenho? E lembre-se que um número excessivo de metas podem acabar por tirar o foco daquilo que realmente importa.

Será que vale mesmo a pena pensar nisso tudo? Observar tantos pontos? Na minha visão, as pessoas não abrem mão dos seus objetivos simplesmente porque eles não são importantes, mas porque não estão dispostas a pagar o preço de lutar por eles. Mesmo que a recompensa seja incrível e inclua a sua realização pessoal e profissional.

FAÇA ALGUMA COISA

O primeiro passo, no meu caso, foi aceitar quem eu sou, aprendendo a lidar com aquele deslocamento, com a não adaptação ao modelo de educação formal que mencionei no primeiro capítulo. Sendo assim, consciente de quem eu era e do que me fazia feliz, há mais de duas décadas tracei meus objetivos: ser executivo de uma multinacional relevante (adoro conviver com

NEGÓCIOS NÃO PODEM SER GUIADOS SOMENTE PELO DINHEIRO, MAS SIM PELO VALOR DAQUILO QUE ENTREGAM A SEUS CLIENTES E PARCEIROS.

gente de vários países), morar em São Paulo e ajudar pessoas em seus processos de transformação por meio de palestras e mentoria. Por esses objetivos, sempre estive disposto a abrir mão, ao menos por um tempo, de coisas que também são muito importantes para mim.

Posso assegurar que não foi um processo simples. Precisei de muito autoconhecimento e aceitação para conseguir enxergar a minha trajetória com a clareza que vejo hoje.

Por isso, para ajudar você, proponho um exercício. Pare um pouco e responda, aqui no livro mesmo ou onde você quiser a algumas perguntas que vão abrir a sua cabeça e fazer com que foque nas suas metas.

ENCONTRANDO O SEU OBJETIVO

DO QUE VOCÊ REALMENTE GOSTA

Pense na sua história, em quem você é, no que realmente traz felicidade para a sua vida. As perguntas abaixo vão guiar você:

- Qual atividade você faria por prazer e sem cobrar nada?

  _____

  _____

- Com o que você seguiria trabalhando mesmo se ganhasse na loteria?

  _____

  _____

- O que sempre lhe faz feliz?

  _____

  _____

- O que você mais gosta de fazer?

  _____

  _____

SOBRE REALIZAÇÃO E TALENTO

Agora passemos da felicidade para a prática e para o talento, para o que você sabe fazer. O objetivo aqui é unir paixão e habilidade.

- O que você já fez que o deixou realizado?

- O que você faz bem?

- Quais foram os melhores elogios que você já recebeu na vida?

- Na opinião dos seus amigos, quais são os seus pontos fortes?

Com isso, já temos um bom pacote de informações para refletir e trabalhar. Não tenha pressa em responder tudo. Faça tudo com calma, você ficará impressionado conforme as coisas comecem a clarear.

Partindo agora para uma segunda etapa, vamos tentar identificar mais algumas de suas características e condições.

COMEÇANDO A SE ORGANIZAR

Para dar início ao seu projeto, é preciso saber exatamente por onde começar.

- Que problemas você pode ajudar a resolver?

_____

_____

_____

_____

- Que projetos, empreendedores ou profissionais, você admira? Pesquise sobre cada um deles. Analisar a concorrência vai ajudar você a estruturar a sua ideia.

_____

_____

_____

_____

- Quem pode ajudá-lo?

_____

_____

_____

- Como dividir o seu projeto em etapas? Quais são elas?

_____

_____

_____

_____

ORGANIZAÇÃO FINANCEIRA

Sonhar não custa nada, mas fazer acontecer, sim.

- Em termos financeiros, como você vai tirar o seu projeto do papel?

_____

_____

_____

_____

- De quanto dinheiro você vai precisar?

_____

_____

_____

_____

- Quais serão as formas de financiamento? (Se houver necessidade.)

_____

_____

_____

Não espere condições ideais para começar. Faça o melhor que puder, mas faça. Mesmo que no começo não seja exatamente como você gostaria que fosse.

As coisas estão mais claras para você agora? Pois isso é só o começo. A seguir, estão listadas mais algumas dicas que, somadas às questões que você acabou de responder, vão oferecer a força que você precisa para agir.

ESTABELECENDO PRIORIDADES

- Organize a sua lista de tarefas, estabeleça prazos e prioridades;
- Siga seu planejamento, dê um jeito de fazer acontecer sem se desviar do seu foco;
- Acompanhe de perto o cumprimento de cada uma de suas metas;
- Não desista!

COMPARTILHE, AGRADEÇA E COMEMORE

Celebrar as suas realizações também é algo que vai colaborar para que você mantenha o foco. Acredite nisso!

- A cada conquista, conte as novidades para as pessoas que o ajudaram;
- Seja grato. Primeiro a você mesmo, pela sua energia e pelo seu esforço, e depois a todos os outros envolvidos;

- Comemore. Abra um vinho, saia para jantar com a família ou prepare uma refeição especial em casa, mas marque cada conquista, cada passo alcançado, com uma celebração;
- Transforme gestos num impulso para seguir em frente.

Em todas as etapas, nunca se esqueça de pensar grande, de embalar o seu sonho num papel de presente dourado. Faça isso por você mesmo, que merece o melhor. Todos merecemos. E lembre-se sempre: sucesso pede atitude. E toda atitude começa a se formar na mente. Pense alto, tenha foco, trabalhe duro e então excelentes resultados virão.

CAPÍTULO 3

UM EMPREGO QUE VALEU POR UM MBA

De tanto pedir papel emprestado ao Joaquim Pedro Monteiro de Carvalho Collor de Mello, acabei recebendo um convite de trabalho. E não foi um emprego qualquer, mas um daqueles que mudam a vida da gente por completo. Pelo sobrenome você já deve ter imaginado a qual família o Joaquim pertence. Ele é o segundo filho do ex-presidente Fernando Collor de Mello. Collor, o pai, é sócio majoritário do conglomerado Organização Arnon de Mello, que compreende, entre outros negócios, o jornal Gazeta de Alagoas e a TV Gazeta, afiliada da Rede Globo no estado.

Deixe-me explicar: quando isso aconteceu, eu era diretor executivo da Tribuna de Alagoas, um jornal de pequena circulação no meu estado, e, sempre que precisava, batia na porta do Joaquim para pedir ajuda.

De férias em Maceió e com passagem marcada para voltar para os Estados Unidos, onde iria iniciar sua carreira profissional, ele foi convencido pelo pai, então candidato ao Governo do Estado após oito anos afastado da política por conta do impeachment, a ajudar na organização dos negócios da família.

Na ocasião, o então diretor executivo da organização havia acabado de morrer e o plano era que Joaquim, que tinha uma excelente formação acadêmica, fizesse uma análise da situação do grupo. Ele aceitou o desafio e, diante do pior diagnóstico possível a respeito da gestão das empresas do grupo, atendeu aos apelos do pai de recuperar a Organização Arnon de Mello, se estabelecendo na cidade temporariamente.

A TV Gazeta, naquela época, a empresa mais lucrativa do grupo, estava com o seu departamento de jornalismo sob intervenção da Rede Globo devido ao uso político escancarado do veículo. Assim, o diretor de jornalismo local era indicado pela base nacional da emissora, numa tentativa de evitar manipulações. A situação, vista por qualquer ângulo, era caótica.

Foi então que Joaquim me convidou para o cargo de diretor de Mídia Impressa do Grupo, assumindo o jornal *Gazeta de Alagoas*, líder em circulação no mercado local, apesar da credibilidade cada vez menor e dos sucessivos anos de prejuízos acumulados.

Mesmo sabendo do imenso desafio, não pensei duas vezes e aceitei o convite. No início de 2003, aos 28 anos, lá estava eu, imerso nos negócios da família.

Sempre digo que esse emprego valeu, para mim, mais do que um MBA. Há anos registrando prejuízo e numa fase não muito amigável com o Governo do Estado, o cenário que encontrei ali foi o pior possível. Foi quando Joaquim entrou em cena e montou uma estrutura de gestão profissional nunca antes vista nas empresas do grupo.

Como todos sabemos, a maioria dos jornais, independentemente do porte, no Brasil, tem lá os seus interesses e relações políticas. Quando encontro alguém que defende que isso é coisa de cidade pequena, costumo rebater afirmando que é pura ilusão. A coisa funciona assim em inúmeros veículos de comunicação, mesmo nas maiores metrópoles do país. A diferença está no peso e no quão escancarados são esses interesses, e se existe ética ou não na apuração das reportagens.

De todo modo, enfrentávamos ali um cenário atribulado, no qual Joaquim, com mãos firmes, trabalhou de modo incansável rumo ao equilíbrio financeiro do grupo e à entrega de um melhor conteúdo para os leitores. Mesmo que isso significasse, sempre, contrariar o próprio pai.

E para retomar a credibilidade e a saúde financeira da empresa foi preciso montar um verdadeiro time dos sonhos. Foram contratados profissionais de referência, como o jornalista Rodrigo Cavalcante, ex-repórter da *Veja* e, na época, editor da *Superinteressante*; a jornalista Aline Angeli, ex-repórter da *Veja* e naquele momento editora da *Cláudia*; o executivo Julio Giron, ex-diretor da operadora Oi e da Net; e também a executiva Syntia Leite, com passagens pela AB Inbev e Telefônica. Destaco ainda dois outros nomes que compuseram o novo time da organização e mudaram o rumo do grupo: o tenente coronel Dario Cesar, que chegou a ocupar o cargo de diretor executivo da organização, e Gilson França, que já era prata da casa, mas que abraçou um novo desafio, tornando-se gerente corporativo de RH.

Os resultados vieram rápido: em um ano a *Gazeta de Alagoas* fechou no empate, sem lucro ou prejuízo, um feito e tanto diante do caos em que o grupo estava mergulhado. Foi um amplo processo de reestruturação e corte de custos, incluindo demissões e mudanças de cultura que afetaram até mesmo o uso de salas que antes eram reservadas exclusivamente à família Collor no prédio do jornal. As demais empresas do grupo também apresentaram resultados melhores – ou foram descontinuadas depois de uma avaliação criteriosa.

E não havia nenhum glamour nisso: era suor mesmo, a gente trabalhava dia e noite e virava a madrugada lendo as reportagens que iam sair no dia seguinte por questões de critério e de cuidado com o que seria publicado. Participávamos de reuniões estratégicas, encontros de planejamento, tudo de forma criteriosa, dedicada. Não importava o dia da semana. Nas folgas, a gente fugia para beber cerveja e, adivinhe, falar sobre trabalho.

Por trabalhar pesado na gestão de um negócio a fim de que os bons resultados aparecessem, passei a ser ainda mais obcecado por números e metas. Não existe fórmula mágica: é tudo uma questão de dedicação, foco e rigor. Aquela era uma gestão baseada em fatos e dados, um dos princípios do novo momento da organização e uma marca do consultor e conselheiro Eduardo Gusso, o mentor desse processo de reestruturação do grupo.

O trabalho era intenso, mas estava correndo bem e trazendo bons resultados, até que, no dia 10 de janeiro de 2004, Fernando Collor de Mello decidiu afastar o filho do comando da operação, atitude que gerou repercussão nacional. A decisão foi tomada por causa de uma discordância com a linha editorial totalmente independente, sem qualquer vinculação política que vigorava no grupo. Collor também demitiu todos os diretores e profissionais ligados ao novo comando, tudo numa tacada só.

Eu acabei sendo mantido no grupo, mas, naquele mesmo dia, após uma longa conversa com o Joaquim, decidi pedir demissão. Eu era leal a um outro projeto de jornal, a outros valores e princípios, e não fazia sentido continuar no novo modelo que estava se desenhando. Como disse à irmã do ex-presidente, Ana Luiza Collor de Mello, durante um telefonema que recebi no dia das demissões, eu era fiel aos valores e princípios do Joaquim e o que estava por vir não me interessava.

NÃO EXISTE FÓRMULA MÁGICA: É TUDO UMA QUESTÃO DE DEDICAÇÃO, FOCO E RIGOR.

No final dessa ligação, que acabou sendo bastante tensa, parei por um segundo e perguntei com toda calma do mundo a ela: "Você sabe o que é um cachorro de PM?". Ela ficou sem entender onde eu queria chegar com aquilo e disse que não. Respondi: "Pois bem, eu sou igual a um cachorro de policial militar, só consigo obedecer a um dono".

Para os cachorros da polícia, não importa a patente de quem dá as ordens, eles só agem segundo determinação do soldado que o comanda. Naquele caso, o meu policial era o Joaquim. Era ele em quem eu acreditava. Era pelo que ele havia desenhado para o grupo que eu trabalhava incansavelmente.

É ainda importante destacar que, naquele momento, a minha primeira filha era um bebê de três meses e eu não tinha reservas de emergência com as quais contar no banco. Estava usando o cheque especial. Pode soar estranho para você que um diretor de um jornal estivesse com a vida financeira tão instável, mas a verdade é que todos nós tínhamos salários abaixo da média do mercado. Aquele trabalho era muito mais que um compromisso com a empresa para que, num futuro próximo, ela pudesse se tornar novamente saudável e consistente.

Não foi fácil pedir para sair, mas tomei a minha decisão durante uma conversa com o meu amigo Rodrigo Cavalcante na porta do prédio do Joaquim, na Ponta Verde, em Maceió. Tive certeza do que devia fazer quando ele me lembrou do imenso valor do que havíamos plantado juntos. Ficar no jornal seria seguir outra lógica, desrespeitar os meus valores, com os princípios éticos e de liberdade, nos quais eu sempre acreditei. Depois, conversei com o Joaquim sobre a minha decisão.

VALORES E TRABALHO: A MARTA E O OBAMA

Imagine que você é um amante da moda. Daqueles que acompanha as tendências, observa como os hábitos das pessoas, nas ruas, chegam um dia às vitrines das lojas e adora seguir a evolução desse mercado. Formado em Marketing, você tem a oportunidade de trabalhar numa grande rede de *fast fashion*, que lança várias coleções por mês, com peças vendidas a preços competitivos. Sem dúvida, um emprego que tem tudo a ver com o seu perfil, não é mesmo?

Convidado para trabalhar nesse lugar, você lê nos jornais, uma semana antes de assumir a vaga, que a companhia está envolvida com denúncias de exploração de mão de obra infantil para a produção de peças no Vietnã. Com dois filhos pequenos, como você se posicionaria diante dessa descoberta? Será que conseguiria se sentir bem dedicando o seu tempo e a sua energia a uma empresa assim?

Vamos aproveitar esse exemplo para refletir um pouco sobre a importância de o negócio no qual você trabalha estar alinhado com os seus valores pessoais, sobre o que é inegociável na sua vida e na sua carreira.

Não abrir mão dos seus princípios é fundamental para que você trilhe um bom caminho profissional e se sinta bem com o seu trabalho. Ninguém consegue ser feliz, e se entregar completamente ao trabalho, de outra maneira. É praticamente impossível que você atinja seus objetivos sem essa motivação básica, primordial.

Você consegue imaginar a jogadora de futebol Marta Silva,[13] eleita seis vezes consecutivas a melhor jogadora do mundo e a artilheira com mais gols em Copas, superando, até mesmo, o Pelé; fazendo propaganda para uma marca que seja contra o futebol feminino? Ela certamente nunca aceitaria, pois sabemos que democratizar o esporte entre as mulheres é uma causa de vida para ela. Não à toa, é uma campeã.

Agora pense no ex-presidente dos Estados Unidos, Barack Obama,[14] um defensor escancarado da educação. Será que ele se envolveria em algum projeto que, de certa forma, prejudicasse o acesso das crianças e jovens ao ensino? Pelas palavras dele em sua última visita ao Brasil, em maio de 2019, podemos ter certeza de que ele jamais faria isso: "Dar boa educação e bons serviços sociais não é caridade, é uma necessidade para o

---

[13] LACOMBE, Milly. "Jogar para existir." *Marie Claire*. 31 jul. 2019.

[14] MACEDO, Letícia. "Em visita a SP, Obama faz palestra e se encontra com Pelé." Disponível em: https://g1.globo.com/mundo/noticia/2019/05/30/obama-participa-de-evento-empresarial-em-sp.ghtml. Acesso em: 31 jul. 2019.

desenvolvimento econômico de um país. Quanto mais se investe em capital humano, mais as economias vão crescer".

Esse é Obama. Uma figura pública respeitada, entre outras coisas, por sua coerência. Goste você dele ou não.

LIDERANÇA E CARÁTER

Para ampliar a reflexão sobre esses assuntos, recomendo que você leia sobre liderança e caráter[15]. Segundo Timothy R. Clark, o modo mais eficiente de ser um líder de verdade é olhar para as próprias ações e entender que influenciamos as pessoas ao nosso redor pelo exemplo, pelas ações e pelo caráter.

Não importa se você lidera cinco ou mil pessoas, liderar é influenciar. Sendo assim, tenha muito bem definida a maneira como você vai viver a própria vida se quiser estimular a sua equipe e obter o melhor dela. Sempre tenho isso em mente no meu dia a dia.

E tem mais: se não estivermos nos sentindo bem conosco, não seremos capazes de transmitir os nossos princípios. Aqui trago outra obra importante como referência: *Felicidade autêntica*, de Martin E. P. Seligman.[16]

A ideia desse livro é: a felicidade não é simplesmente o resultado de bons genes e sorte, mas consiste em focar no que

---

[15] CLARK, R. Timothy. *Leading with Character & Competence: Moving Beyond Title, Position and Authority*. Oakland: Berrett-Koehler Publishers, 2016.

[16] SELIGMAN, Martin E.P. *Felicidade autêntica: usando a nova psicologia positiva para a realização permanente*. Rio de Janeiro: Objetiva, 2004.

temos de melhor, trabalhando para evoluir cada vez mais nesses aspectos.

Tudo a ver com a questão da liderança a partir da influência, não é mesmo? Se temos como objetivo evoluir, vamos crescer como líderes também.

No fim das contas, conforme Seligman, o controle de nossas ações e pensamentos é unicamente nosso; e a decisão de focar os nossos pontos positivos e em vez de focar os negativos, também. Se você conseguir tomar as rédeas de seus pensamentos e ações, até a saúde, segundo o autor, ficará melhor. Afinal de contas, quem é feliz adoece menos.

Para fechar, compartilho outra ideia do livro com a qual concordo muito: ajudar os outros nos faz mais satisfeitos com a vida. Bonito, não? Para mim, bonito e verdadeiro.

PERGUNTE OS PORQUÊS

Uma pessoa que me ajudou muito em minha trajetória pessoal e profissional foi o meu amigo Noaldo Moreira Dantas Filho, consultor de planejamento estratégico para empresas e pessoas. Fiz com ele o meu planejamento pessoal de vida e carreira há mais de duas décadas.

Em nossas conversas, falamos sempre sobre como estabelecer nossos próprios objetivos, sem se deixar levar pelos objetivos alheios. Para fazer esta distinção, é preciso olhar para nós mesmos e perguntar os porquês de cada objetivo traçado. Por que seguir por esse caminho e não por qualquer outro? Esta escolha está alinhada com quem sou, com minhas crenças e meu estilo de vida?

Ele também destacava a importância de estarmos sempre considerando os pontos fortes e fracos, ameaças e oportunidades nas rotas que traçamos, e eu considero esse diagnóstico fundamental.

Para o Noaldo, o conceito de planejamento estratégico é relativamente simples e consiste em responder três perguntas:

☐ Onde estou?

☐ Aonde quero chegar?

☐ Como vou chegar lá?

Sem dúvida uma reflexão profunda e capaz de nos guiar rumo à realização dos nossos objetivos.

SENSO DE DONO

Nem preciso dizer que saí outro depois da experiência à frente da *Gazeta de Alagoas*. Além do foco e da determinação em busca dos resultados, aprendi que não se deve terceirizar nem o sucesso nem o fracasso. Ninguém consegue avançar se não for capaz de assumir as rédeas da própria história. Eu não acredito em gente que joga nas costas dos outros o mau desempenho obtido. Ou então que não tem coragem de escrever aquilo que fala. Deu certo? Parabéns pelo esforço. Foi tudo por água abaixo? Aprenda com os seus erros e faça diferente da próxima vez.

No meu tempo de *Gazeta*, éramos colocados à prova o tempo todo, não havia outra opção a não ser trabalhar duro pelo melhor. Foi um período de muito aprendizado.

Tudo que aconteceu naquela época, entretanto, não diminuiu meu senso de dono – expressão usada para funcionários que vestem a camisa e trabalham como se a empresa fosse sua – nas empresas pelas quais passei. Eu nunca trabalho pela empresa, mas pelas minhas crenças e para a construção da minha carreira. "Se merece ser feito, merece ser bem feito", como sempre disse o Gusso. Algumas pessoas ainda me perguntam se no fim das contas valeu a pena ter dado vida pela *Gazeta* para depois ter sido expurgado. E eu não tenho dúvidas em responder que sim, valeu muito. Não fui eu quem perdi. Na verdade, toda aquela equipe de ouro que tínhamos está muito melhor hoje do que naquela época. Nenhum de nós saiu no prejuízo. Acredito que todos devemos ter senso de dono, mesmo quando os próprios donos não têm. E, se mesmo assim as coisas não avançarem, fique tranquilo: outras oportunidades surgirão para os melhores. Simples assim. Os dissabores da minha reta final de trabalho na *Gazeta* em nenhum momento abalaram a minha crença nisso tudo, a minha vontade de querer evoluir. Não fiquei traumatizado e nem me condenei à mediocridade.

Trouxe esse aprendizado para a minha vida e estou sempre atento para que o meu time seja composto de pessoas com vontade de evoluir. É o caso, por exemplo, do meu colega Raimundo Cardozo. Ele é o responsável pela manutenção da sede da RE/MAX Brasil, em São Paulo. Eu o conheci na Rua Teodoro Sampaio, no bairro paulistano de Pinheiros, quando procurava um montador para me ajudar com um móvel em casa. Já passava das 19h e, mesmo assim, fui a várias lojas em busca de alguém que me ajudasse. Em vão. Todos já estavam terminando o expediente, cansados e querendo ir para casa. Até que tive a sorte de bater na porta da loja em que o Raimundo trabalhava. Ele me atendeu prontamente e, depois daquele dia, nunca perdemos o contato. Até que, tempos depois, convidei-o para trabalhar comigo.

Raimundo é aquele profissional que cuida da empresa como se cuidasse da própria casa, que dispensa fornecedores que querem cobrar valores acima do razoável e que vem trabalhar a qualquer hora quando acha que é preciso. Mesmo que seja no domingo de manhã, mesmo que ninguém esteja vendo o que está fazendo. Esta entrega faz parte da essência do Raimundo. Ele tem senso de dono, diz que trabalha feliz e eu acredito que é isso mesmo: não há quem se dedique assim sem gostar do que faz, sem assumir um compromisso real com a empresa. Para mim, ele é um exemplo de profissional de excelência.

NÃO ACABOU EM PIZZA

Vou dividir uma outra informação de bastidor, uma passagem da minha trajetória sobre a qual não costumo falar muito: o Pizza Fest. Em sociedade com meu amigo Ronaldo Moraes, meu gerente no Sebrae, comprei um carrinho para vender o produto nas ruas da minha cidade natal. O negócio evoluiu tanto que chegamos a investir num segundo equipamento. Estávamos presentes nas festas de rua, na orla durante a alta temporada e onde quer que houvesse boas oportunidade de vendas.

Meus amigos dizem que, nessa época, eu, claro, já me via dono de uma multinacional das redondas. Foi um sucesso. No entanto, não muito tempo depois, deixamos de lado o nosso empreendimento móvel, por termos nos dado conta de que as nossas prioridades eram outras. Mas ainda hoje tenho muito orgulho daquela iniciativa. O Pizza Fest foi um passo que só fortaleceu o empreendedor que existe em mim, o gosto pelo desafio e por entrar no mercado com uma boa ideia e um bom produto, com a chance de fazer a diferença. Seja como for, a minha trajetória não acabou em pizza, mas aquela experiência me ajudou e muito. Cada dia valeu a pena.

Aprendi muito com cada etapa da minha trajetória e agora quero ajudar você com o conhecimento que adquiri ao longo do caminho. Pensemos juntos, então, em algumas dicas que vão ajudar você nesse processo:

OS DISSABORES DA MINHA RETA FNAL DE TRABALHO NA GAZETA EM NENHUM MOMENTO ABALARAM A MINHA CRENÇA NISSO TUDO, A MINHA VONTADE DE QUERER EVOLUIR.

- [ ] Aprenda o máximo possível antes de começar. Faça os cursos que julgar necessários, pesquise o seu mercado e busque experiências que possam ajudá-lo a viabilizar o seu projeto;

- [ ] Pense que nem todos vão querer comprar a sua ideia. Então, tenha em mente o que você vai fazer se as coisas não correrem exatamente como o planejado;

- [ ] Tenha em mente que você vai precisar ser criativo na hora de lidar com os problemas;

- [ ] Fuja desde já do chamado jogo da culpa. Como escreveu Bob Nelson no livro *Faça o que tem de ser feito*,[17] para prosperar é importante você se faça as seguintes perguntas:

  - o "O que eu poderia ter feito para evitar esse problema? O que podemos aprender com a situação? E como podemos melhorar as coisas que estão em curso? [...] Seja positivo quando se deparar com situações negativas e pessoas negativas. Tenha um comportamento exemplar. Olhe para o futuro e decida qual o melhor curso de ação a ser tomado dadas as circunstâncias".

- [ ] Não tema pela falta de habilidade. Dizem que se nós caminharmos, o caminho vai se abrindo à nossa frente, não é? Pois eu acredito que a vida é assim mesmo. Muitas coisas

---

[17] NELSON, Bob. *Faça o que tem de ser feito*. Rio de Janeiro: Sextante, 2003.

a gente só aprende fazendo. Nunca tinha feito uma pizza na vida até me ver à frente de uma bem-sucedida pizzaria móvel. Então, aprendi a fazer e fiz. Contei com muita ajuda, é claro, e será assim com você também;

☐ Até hoje eu procuro fazer os mais variados cursos e buscar conhecimento sobre áreas distintas. Sou sedentário (não me orgulho disso e já tenho planos para mudar de vez essa situação), mas já fiz até uma formação rápida para ser treinador de corrida. E por aí vai. Acredito que sair da nossa zona de conforto sempre nos ajuda a abrir a cabeça e a ter novas ideias;

☐ Simplesmente faça o que deve ser feito.

Em resumo, o negócio é investir em si mesmo, acreditar e se preparar. Sem desculpas. Tem muita gente por aí dando as mais variadas justificativas para aquilo que deixou de fazer, jogando para o universo e para os outros o peso da própria omissão. Mas essa atitude não combina comigo. E muito menos com você, imagino eu, pois se chegou até aqui, se está com esse livro nas mãos, é porque quer ir em frente, de peito aberto, pronto para tudo.

Apenas invista em você e cuide bem dos seus objetivos. O resto vem. Afinal de contas, quanto mais trabalhamos, mais sorte temos. O sucesso certamente virá ao seu encontro, apenas esteja pronto para abrir a porta quando ele chegar. Essas palavras podem parecer óbvias, mas eu sempre gosto de reforçá-las porque vejo muita gente vivendo com crenças limitantes, não se achando digno da prosperidade. Conheço muitas pessoas que, até de modo subconsciente, sem se dar conta, acabam por se boicotar por, no fundo, acharem que não merecem todas as conquistas que têm, mesmo tendo trabalhado tanto para elas. Apenas fuja dessas armadilhas, cuide de você, da sua autoestima, do seu amor-próprio. Quem foi que disse que você não merece o melhor?

BUSQUE ALIADOS

Ao longo do caminho, peça ajuda. Busque aliados, tenha com quem contar. Sempre vai mais longe quem segue acompanhado. Pode esquecer essa história de mulher-maravilha e super-homem: os grandes líderes são conhecidos também pelo talento em encontrar pessoas que possam ajudá-los a melhorar, sejam funcionários, colegas ou conhecidos.

O Raimundo, por exemplo, é um dos meus grandes aliados. O trabalho dele ajuda o meu. Ao cuidar da nossa sede, em São Paulo, ele nos faz economizar dinheiro com gastos desnecessários em reformas, por exemplo. E a relação do trabalho dele com os nossos resultados é direta.

Eu acredito muito no potencial que cada pessoa que cruza comigo tem de me inspirar e apoiar. Gosto de conversar com todo mundo e nunca vou abrir mão disso.

Por ter investido em bons relacionamentos, vira e mexe conto com verdadeiras consultorias grátis para os meus projetos. Estou sempre disponível e, por isso, muita gente está disponível para mim também. Ligo, escrevo, envio e-mail, mensagem, levanto a mão, sempre dou um jeito de dizer o que quero. Acredite: a ajuda vem. Se você procurar por ela, de um jeito ou de outro a ajuda sempre chega.

Tenha aliados de todos os tipos, por onde você for. Agindo assim, as mais variadas oportunidades podem surgir.

Acho que nem preciso dizer, mas o colega da mesa ao lado pode ser o seu melhor parceiro comercial amanhã. Aquela amiga da sua filha que você conhece desde pequena pode recomendar a sua empresa para muitos clientes um dia. É assim que funciona.

Não menospreze o poder da sua rede. Nem o poder dos seus mentores, daquelas pessoas que mais inspiram você. Se hoje você é estagiário, amanhã pode ser o CEO. Fique de olhos abertos, aprenda e aproveite cada oportunidade.

NA PRÁTICA:
UM PLANO DE AÇÃO

A partir de agora, vale a pena começar a pensar num plano de ação para o seu projeto e buscar um caminho que seja realmente possível. Vamos aos passos:

- Defina o que priorizar no seu desenvolvimento. Que cursos você ainda deve fazer? De que orientações precisa para iniciar a sua caminhada?;
- Divida em etapas cada um dos seus objetivos;
- Avalie os ajustes que precisam ser feitos para que você tenha condições de realizar o que deseja;
- Peça ajuda: quem podem ser seus aliados nos próximos passos?;
- O que você, leitor, pode oferecer para aqueles que o têm como aliado? Qual será o ganha-ganha?;
- Quais são os recursos que você pode colocar na mesa de negociação: tempo, dinheiro, experiência?;
- Que recursos você ainda precisa adquirir?

COMPROMETA-SE

Nada do que falamos até aqui fará sentido se não estivermos comprometidos com o nosso projeto, com os nossos objetivos. Para começar, o termo compromisso vem do latim *compromissus*[18] e tem como significa fazer uma promessa recíproca. É exatamente isso: o respeito ao que foi acordado, combinado, estabelecido, mesmo que não tenha havido uma formalização. Para os comprometidos, a própria palavra já vale.

Para o professor de Psicologia da Northeastern University, em Boston, nos Estados Unidos, e autor de *Emotional Sucess* [Sucesso emocional][19], David DeSteno, estimular a gratidão, a compaixão e o orgulho é uma ótima maneira de aumentar o comprometimento de uma equipe. Segundo o autor, isso reforça os vínculos entre as pessoas e estimula a paciência e a perseverança:

> "Essas emoções também desenvolvem a coragem. Elas aumentam o valor que as pessoas colocam em metas futuras, comparadas com as do presente, e assim pavimentam o caminho para a perseverança. O trabalho do meu laboratório, por exemplo, mostra que as pessoas induzidas a se sentirem gratas são duas vezes mais pacientes quando

---

[18] "Comprometimento no trabalho: o que é, causas e como obter." Disponível em: https://www.sbcoaching.com.br/blog/atinja-objetivos/comprometimento/. Acesso em: 31 jul. 2019.

[19] DESTENO, David. *Emotional Sucess:* The Power of Gratitude, Compassion and Pride. Boston: Houghton Miffin, 2018.

PARA OS COMPROMETIDOS, A PRÓPRIA PALAVRA JÁ VALE.

se trata de recompensas financeiras. Elas são duas vezes mais dispostas a renunciar a um lucro imediato menor para que possam investir em um ganho de longo prazo. Na mesma linha, as pessoas que sentem orgulho ou compaixão estão dispostas a perseverar em tarefas desafiadoras 30% mais do que aqueles que sentem outras emoções positivas, como a felicidade, precisamente porque o orgulho e a compaixão os induzem a colocar maior valor em recompensas futuras." [20]

Então, antes de tudo, é imprescindível que você esteja totalmente consciente do seu compromisso com os seus próprios sonhos. Pare e pense um pouco sobre isso.

No trabalho, ter comprometimento é ser fiel aos propósitos da empresa. Ou aos seus, para quem trabalha por conta própria. É exigir de si o nível máximo de rendimento e produtividade, custe o que custar.

---

[20] DESTENO, David. Cultive a gratidão, a compaixão e o orgulho na sua equipe. Disponível em: https://hbrbr.uol.com.br/cultive-gratidao-equipe/. Acesso em: jul. 2019.

CAPÍTULO 4

É IMPOSSÍVEL CRESCER SOZINHO

Era só saber que ele vinha para Maceió que eu começava a ter crises de gastrite. Eram dores tão fortes que precisava ir ao hospital. O nosso primeiro contato, lembro até hoje, foi numa sala que pertenceu ao Pedro Collor, no prédio da *Gazeta de Alagoas*. Olhei para ele, cumprimentei-o e perguntei em que podia ajudar. A resposta foi: "Não, sou eu que estou aqui para ajudar você". E disse isso sem nenhuma arrogância, apenas pragmatismo.

Eu não podia fazer ideia de quanto aquele homem me apoiaria dali por diante, no trabalho e na vida. No início não foi fácil, mas mal sabia eu que estava diante do maior mentor que alguém poderia ter. O maior e o mais generoso, que no fim das contas acabou virando um grande amigo, um daqueles três ou quatro que são, para nós, referências que nos tornam melhores do que somos.

Que sorte a minha de ter tido a oportunidade de trabalhar junto de Eduardo Gusso. Convidado pelo Joaquim para ser consultor e estruturar a gestão e a governança das empresas da família Collor de Mello, Gusso começou a vir para Maceió com regularidade em 2003. Era o típico profissional duro e pragmático, totalmente focado em resultados e numa gestão baseada em fatos e dados. Foi com ele que aprendi a valorizar essas caracteristicas.

Foram meses difíceis, nos quais sentia uma forte pressão e cobrança em cima de cada passo que eu dava como diretor de mídia impressa da Organização Arnon de Mello. Mas, ao mesmo tempo, eu sabia que estava me tornando um novo profissional ao enfrentar todos aqueles desafios. Virava as noites preparando relatórios demandados por Gusso. Fazia análises profundas de todos os dados estratégicos e propunha soluções. Tudo o que eu não queria era falhar. Por isso, adoecia só de saber que ele estava para chegar. E, no fim das contas, nada do que eu fazia parecia perfeito, mas as críticas dele eram sempre justas e construtivas. Depois das reuniões que tínhamos, sempre saímos com alguma solução ou plano ainda melhores dos que os propostos inicialmente por mim.

Foi graças ao Gusso, e à condução firme, competente e profissional de Joaquim que o periódico deixou de ser uma empresa com fins políticos para se tornar um veículo de comunicação com conteúdo de qualidade e foco no leitor, nas vendas e no bom desempenho do negócio. Foi uma verdadeira reviravolta.

Ter acompanhado tudo aquilo de uma posição privilegiada foi uma oportunidade e tanto. Aos poucos, o medo que eu tinha do Gusso e do seu rigor se transformou num impulso para o meu crescimento profissional. Passei a entender o modo como ele trabalhava e que os resultados só apareciam se a gente se dedicasse muito para atingi-los. Foi, na minha trajetória, um verdadeiro divisor de águas. Eu não seria quem sou hoje, um apaixonado pelo meu trabalho, se não o tivesse conhecido.

O tempo passou e ambos nos desligamos do grupo empresarial, mas ficamos amigos. Pedi a ele para ser meu coach e ele aceitou. Foi incrível, eu vinha de Maceió para São Paulo só para fazer as sessões com ele já que ainda morava no Nordeste na época.

Depois disso, seguimos sempre em contato, principalmente depois que me mudei para a capital paulista. A gente sentava para tomar vinho e conversar. Muita sorte minha ter alguém como ele para compartilhar ideias, pedir orientação, falar dos meus projetos, receber indicações de livros e cursos. Eram momentos preciosos. Ele era um mestre, professor de Governança da Fundação Dom Cabral, tinha muito a ensinar. Um expert que gostava de "elevar a régua" e extrair o melhor dos times com quem trabalhou.

Quando assumi a presidência da RE/MAX, em 2016, mais uma vez fui até ele em busca de orientação. Pedi ajuda e Gusso me deu uma verdadeira consultoria, e as conversas que tivemos sobre a empresa foram determinantes para os resultados que temos hoje. Mas infelizmente, no dia 11 de julho de 2018, por volta das cinco da tarde, meu telefone tocou, mas não ouvi a chamada, pois estava em reunião. Quando vi que o Gusso havia me ligado, prontamente retornei, fazendo festa e dizendo que estava com saudades. Foi então que ele me disse: "Estou com muita saudade também, mas talvez não dê para a gente se ver, estou ligando para me despedir". E continuou: "Fiz várias cirurgias, não aguento mais, daqui eu só saio para o outro lado". Fiquei paralisado. Respondi que queria vê-lo, mas ele insistiu que não seria possível, e completou: "Estou me despedindo de algumas poucas pessoas. Pessoas de quem eu gosto muito".

A ligação terminou comigo dizendo quanto ele havia sido importante para mim: um grande amigo, que eu admirava e considerava um exemplo de homem. Desliguei o telefone, sentei e, perplexo, comecei a chorar. Não conseguia acreditar. Minutos depois, ao olhar para o celular, vi que ele havia deixado uma mensagem após a ligação não atendida: "Oi, Peixoto, quero me despedir de você. Aguardo o teu call".

E essa foi a última grande lição que recebi do Gusso: pragmatismo até o fim.

CERCADO DOS MELHORES

Fiz questão de trazer para este livro um pouco da minha história com o Gusso para mostrar a importância que um mentor pode

PARA EVOLUIR, BUSQUE SEMPRE ESTAR PERTO DOS MELHORES.

ter em nossa vida. Aquele clichê de que a gente deve se cercar de pessoas melhores do que nós é muito válido para mim, pois é na presença de pessoas incríveis que a gente evolui. No início, eu o via como um algoz, mas logo depois ele virou uma referência, um professor.

Você já chegou a pensar nisso? Tem alguém que toma como referência e com quem pode contar? Mais do que isso, que personalidades você acompanha nas redes sociais? Já parou para pensar que isso diz muito sobre você?

Para evoluir, busque sempre estar perto dos melhores.

Além do Gusso, é claro que fui e ainda sou influenciado por outras pessoas. É o caso, por exemplo, do Larry Oberly, ex-vice-presidente de desenvolvimento global da RE/MAX.

Foi um laço que começou logo que ingressei na companhia e que foi se fortalecendo ano após ano. Larry foi uma das pessoas que mais me apoiou quando assumi a presidência da empresa no Brasil, em fevereiro de 2016. Ele sempre esteve próximo, orientando-me e me dando a mentoria necessária para tomar de decisões importantes e estratégicas.

CONVENÇÃO E HOSPITAL

Em abril de 2016 fizemos uma das melhores convenções da RE/MAX no Brasil. O Larry, claro, esteve presente nos dando todo o suporte. Naquele momento, a RE/Max Brasil estava com uma dívida expressiva com a RE/MAX Internacional. Eu poderia culpar a crise que assolava o país e a valorização do dólar frente ao real, que só aumentava a dívida na nossa moeda. Também poderia culpar a decisão que eu e meu grande amigo e parceiro, Ernani Assis, então vice-presidente da RE/MAX, tomamos no momento em que eu assumi a presidência: não pedir mais um real de aporte para os sócios. Era evidente que tudo isso tinha colaborado para a nossa crise financeira, mas a verdade era que na RE/MAX Brasil há tempos não nos guiávamos pelas orientações da nossa franqueadora master. Quisemos reinventar a roda e não seguimos o modelo testado e aprovado em mais de cem países. Resultado: anos de prejuízo e uma dívida gigante com os norte-americanos.

Logo após a convenção, tive uma grave crise de diverticulite que me obrigou a ficar uma semana hospitalizado. Durante esse período, o Larry ligava praticamente todos os dias para Rose, minha esposa, perguntando como eu estava e se precisava de algo. Ele realmente se importava comigo. Após uma semana de internação, recebi alta e voltei pra casa. Com o objetivo de relaxar um pouco, decidimos assistir a um filme no cinema. Eu sentia que estava mesmo precisando descansar, já que os últimos dias haviam sido muito estressantes: convenção, seguida de internação com risco de cirurgia. Bem, compramos o ingresso e a Rose foi para sala do cinema enquanto eu fui comprar um sorvete. Nesse momento, meu telefone tocou. Era o Larry. Conversamos uns cinco minutos sobre a minha saúde e, após se certificar de que eu estava bem, ele me disse que tinha um tema importante para tratar comigo, que não havia mencionado antes em respeito à minha enfermidade. Como eu disse que estava bem, ele disparou: "Peixoto, eu gosto muito de você, somos amigos, mas a RE/MAX Brasil tem uma dívida muito alta conosco e essa pendência precisa ser resolvida num prazo de sete dias. Se isso não acontecer, vocês serão notificados e terão mais sete dias para efetuar o pagamento. Terminado esse segundo prazo, se não houver o pagamento, seremos obrigados a cancelar o contrato da RE/MAX Brasil". Eu agradeci o respeito ao momento em que estive no hospital e me despedi dizendo que tomaria as providências necessárias.

Naquele momento, gelei. E, obviamente, perdi o filme e o sono naquela noite. Aliás, não fui o único que ficou sem dormir. Assim que pude, liguei para o Ernani e relatei a conversa. Foi um sufoco. Tínhamos uma sugestão do Conselho de Administração da empresa para dividirmos o estado de São Paulo em várias regiões com o intuito de acelerar o nosso crescimento. Colocamos essa estratégia em ação e algumas master franquias regionais foram vendidas. Além disso, o time da área financeira fez uma série de ajustes no fluxo de caixa. Foi uma verdadeira operação de guerra, mas no fim de sete dias, conseguimos pagar a nossa dívida.

NO INÍCIO,
EU O VIA COMO
UM ALGOZ, MAS
LOGO DEPOIS
ELE VIROU UMA
REFERÊNCIA,
UM PROFESSOR.

SAIBA NEGOCIAR

Numa situação como essa, além do esforço para a resolução do problema, é preciso fazer uso das suas melhores habilidades de negociação. Vamos ver um pouco sobre essas técnicas.

O primeiro passo para uma negociação, segundo William Ury,[21] na minha opinião o melhor especialista no assunto e autor de vários livros sobre esse tema, é ouvir o outro lado:

> "O primeiro passo para estabelecer uma negociação bem-sucedida é uma estratégia que o antropólogo chama de 'ir ao balcão' – um lugar de perspectiva que ajude a observar todo o contexto da situação e 'manter a atenção no que é realmente importante'. Hoje é muito fácil nós simplesmente reagirmos, com celulares e redes sociais, ou ficarmos distraídos. Mas precisamos nos colocar na posição de ouvir o outro lado."

É nisso que eu acredito, no saber ouvir. É assim que conseguimos chegar no ganha-ganha, que é a etapa final de uma negociação bem-sucedida. "A concessão mais barata que podemos fazer em uma negociação", segundo Ury, "é ver o ser humano que está do outro lado e tratá-lo com dignidade, mesmo que você discorde da sua posição ou de suas visões."

---

[21] "Primeiro passo para negociação é ouvir o outro lado, diz especialista William Ury." Disponível em: https://www.williamury.com/pt-br/ouvir-outro-lado/. Acesso em: 31 jul. 2019.

Essa lógica, na minha opinião, se aplica a todas as situações: nas soluções a serem encontradas no trabalho, entre pais e filhos, vizinhos, clientes ou amigos.

Em linhas gerais, acredito que toda negociação deve envolver etapas como conhecer o seu interlocutor, preparar-se para negociar escolhendo os melhores argumentos, definir metas e concessões possíveis de serem feitas e, só então, partir para a ação. Tudo isso, repito, com foco no ganha-ganha. E, acredite, pode ser muito divertido. Quanto mais você praticar, mais confiança vai ter quando tiver que acordar algo com alguém.

Para ir mais fundo no tema, recomendo ainda a leitura de *Como chegar ao sim com você mesmo*,[22] também de William Ury. É uma obra tida como referência no debate do tema, que destaca como o autor já usou a sua experiência em negociações para ajudar a resolver conflitos com presidentes e empresários. Para ele, precisamos transpor as nossas próprias barreiras antes de nos sentarmos para conversar com as outras pessoas.

Assim, o livro aponta como podemos ser proativos e tomarmos as rédeas da nossa vida. Algumas dicas para chegarmos lá são: nunca coloque a culpa nos outros, assuma suas responsabilidades, mude sua maneira de ver as coisas, viva o momento presente, não sofra com a ansiedade, valorize os

---

[22] URY, William. *Como chegar ao sim com você mesmo*. Rio de Janeiro: Sextante, 2015.

outros como pessoas, seja caridoso – ajudar faz bem – e cuide de si mesmo.

EM BUSCA DA PERFEIÇÃO

Depois do pagamento da dívida da RE/MAX Brasil em tempo recorde, Larry e eu ficamos ainda mais próximos. Eu comecei a dizer que ele era, para mim, como o professor linha dura de *Whiplash - Em busca da perfeição*. Dirigida por Damien Chazelle e indicada ao Oscar de melhor filme em 2015, a película conta a história do músico Andrew Neiman e sua luta para ser o melhor baterista de jazz de sua geração. Para chegar lá, ele se entrega ao trabalho de um mestre excessivamente exigente, Terence Fletcher.

Brincava, inclusive, que até na aparência Larry e Terence eram parecidos. Ele não gostou muito da comparação, claro, mas faço questão de destacar isso até como uma forma de agradecimento. No fim das contas, ele foi uma das pessoas que mais me ajudou nas minhas conquistas à frente da RE/MAX Brasil.

Às vezes, acho que ele quase sempre foi mais duro comigo do que o necessário. Mas uma coisa é certa: ele sempre soube extrair o melhor de cada um. É extremamente pragmático e firme, mas de maneira incrivelmente respeitosa. E se foi mais duro do que o necessário, o que posso dizer é que ele me influenciou e me influencia muito, até hoje, de maneira extremamente positiva.

É NISSO QUE EU ACREDITO, NO SABER OUVIR. É ASSIM QUE CONSEGUIMOS CHEGAR NO GANHA-GANHA, QUE É A ETAPA FINAL DE UMA NEGOCIAÇÃO BEM-SUCEDIDA.

O Larry deixou a RE/MAX Internacional em 2017, mas ainda hoje somos grandes amigos. Atualmente, ele é CEO e sócio da rede de franquias SpeedPro, de serviços gráficos, e professor da Universidade do Colorado.

Muitas vezes nos sentimos lutando sozinhos contra o mundo quando pensamos na nossa carreira. Mas digo por experiência própria que tudo fica mais fácil quando temos em quem nos inspirar.

NA PRÁTICA

A seguir, algumas dicas que vão ajudar você a partir para a ação.

COMO ENCONTRAR SEU MENTOR:

- Primeiro é preciso saber que tipo de orientação você busca em seu mentor. Pergunte-se quantas vezes for necessário: Qual é o meu objetivo com essa mentoria?;
- Ao escolher o profissional que vai auxiliá-lo, lembre-se daquele ditado popular: a palavra convence, o exemplo arrasta. Seu mentor precisa ser coerente. Não faça a sua seleção pensando apenas em quem se expressa muito bem, é preciso que ele ou ela realmente faça a diferença na área em que atua;
- Na hora de convidá-lo para ser seu mentor, seja cara de pau. Tente marcar um café, por exemplo. Esforce-se para ser recebido pela pessoa que você admira. Uma boa alternativa também é "criar coincidências" e tentar encontrar o seu futuro mentor em eventos. Mensagens de e-mail e WhatsApp raramente funcionam;
- Por fim, seja sempre agradável, nunca inconveniente. Busque os melhores momentos e deixe claro para o profissional a diferença que ele fará na sua vida.

PRIMEIROS PASSOS PARA UMA NEGOCIAÇÃO:

- Conheça seu interlocutor e tente levantar o maior número possível de informações sobre ele antes de negociar;
- Pense antes no que pode ou não ceder e estabeleça sua meta;
- Foque o que de fato é importante. Deixe a vaidade e o ego de lado. Não se distraia com o que outras pessoas vão achar do resultado. Tenha em mente o que é fundamental para você;
- Acima de tudo, mantenha o foco numa solução ganha-ganha. Uma negociação não será bem-sucedida se os dois lados não saírem satisfeitos do acordo.

Nas próximas páginas, vamos refletir juntos sobre novas possibilidades e caminhos para fazermos acontecer e tirarmos os planos do papel. Pode parecer difícil, mas é importante ter em mente que nada é impossível.

CAPÍTULO 5

TRABALHE MUITO, TRABALHE DURO, SEJA APAIXONADO PELO QUE VOCÊ FAZ

No capítulo anterior, falamos sobre a importância de reconhecermos e aproveitarmos os aliados que surgem em nosso caminho para que possamos nos desenvolver. No entanto, temos de concordar que a grande virada das nossas trajetórias não pode depender apenas de grandes encontros que nos incentivam a ir mais longe, mas sobretudo da nossa decisão de agir e do nosso compromisso definitivo com nossos objetivos. E é justamente sobre o nível de comprometimento necessário para crescer que falarei neste capítulo.

A palavra comprometimento nos leva a pensar em tempo dedicado, que, por sua vez, está atrelado à ideia de via de mão dupla – seja nos relacionamentos pessoais seja em relação ao nosso trabalho. Refletindo sobre seu cotidiano, você considera que trabalha muitas horas ou que consegue manter um expediente razoável?

Um dia desses, conversando com o headhunter Diego Godoy, CEO e fundador da empresa de recrutamento e seleção de executivos Easy2Recruit, de Curitiba, Paraná, perguntei como era a rotina dele de segunda a sexta-feira. Ele me disse que, no geral, acordava às 6h15 para se exercitar, começava a trabalhar por volta das 9h30 e seguia até mais ou menos 18h30.

Seriam, oficialmente, nove horas por dia dedicadas ao trabalho, considerando que o almoço ocorre normalmente na companhia de algum cliente. Uma jornada razoável, digamos assim, mas nada de outro planeta para os padrões do mundo corporativo.

No entanto, logo comecei a lembrá-lo das mensagens sobre trabalho que trocamos em algumas ocasiões por volta das 23h, das vezes em que ele me atendeu aos fins de semana e dos sábados em que ele me contou que ia jantar com algum parceiro comercial. No fim da nossa conversa, concluímos que a jornada dele, na realidade, ultrapassava e muito aquelas nove horas diárias que ele afirmava trabalhar inicialmente. O Diego, assim como tantos de nós, está com o radar sempre ligado em seu negócio e, acima de tudo, ama o que faz e vive bem do jeito que escolheu – é um homem realizado.

É nisso que eu acredito. Sempre encarei com desconfiança esses gurus que pregam uma dinâmica de poucas horas de trabalho por dia para se obter sucesso. Na minha história, trabalhar muito sempre foi um aspecto importante para a realização de meus objetivos, não apenas porque o projeto com o qual estava envolvido exigia isso, mas também por estar sempre atento às oportunidades.

Tenho pensado muito nisso atualmente e procuro observar as mudanças pelas quais tem passado o mercado de trabalho. Mais do que nunca, é preciso gostar do que se faz, estar comprometido e a postos 24 horas por dia, sete dias por semana. São poucos os profissionais que, após o fim do expediente, podem deixar o celular de lado e se desligar totalmente dos assuntos do escritório. Quantas pessoas você conhece que se dão a esse luxo e ainda têm tudo o que sempre desejaram? Não muitas, provavelmente.

Chegamos assim ao ponto que eu queria: trabalhe muito, trabalhe duro, mas com foco e estratégia, fazendo o que agrega valor ao seu plano e aos seus sonhos. Se você faz como o Diego, que vibra a cada talento que seleciona para os clientes, estar disponível tem outro sentido, não se trata exatamente de uma obrigação, de um incômodo. Então, seja dedicado, mas lembre-se sempre de se certificar que está na direção certa. Trabalhe de maneira estratégica, sabendo onde você precisa depositar sua energia e mantendo sempre o foco no seu objetivo.

Mas veja, não estou afirmando que você nunca mais deve tirar férias ou descansar, mas que há como aproveitar a vida e ainda assim concretizar o que você deseja. Não faz muito tempo, li

TRABALHE
DE MANEIRA
ESTRATÉGICA,
SABENDO ONDE
VOCÊ PRECISA
DEPOSITAR A
SUA ENERGIA E
MANTENDO SEMPRE
O FOCO NO
SEU OBJETIVO.

um artigo muito interessante sobre o significado de trabalharmos com liberdade.[23] A autora do texto, Daniela Diniz, afirma que:

> "Trabalhar com liberdade significa produzir no seu tempo, seguindo obviamente as regras do jogo, cumprindo as metas estabelecidas e os compromissos da agenda. Ou seja, nesse contexto, regras, processos, metas e compromissos não deixam de existir. A diferença é a maneira como você vai conduzir tudo isso. A minha linha de chegada é uma só. As rotas, no entanto, são inúmeras. Se para você faz mais sentido usar as madrugadas para gerar relatórios ou indicadores ou o que quer que seja que seu trabalho demande, que se faça na madrugada. [...] A mudança de pensamento sobre o modo como trabalhamos é muito mais significativa e necessária do que a adoção de práticas de flexibilidade ou a instituição de um *home office* para parte do time. É preciso mudar de atitude."

Percebi que me encaixo muito bem nesse cenário e também acredito nessa mudança de mentalidade. Como já disse anteriormente, não consigo separar trabalho e família, para mim é tudo uma coisa só. Faço aquilo que amo, cercado de pessoas com quem tenho afinidade, entre as quais me sinto bem. Sendo assim,

---

[23] DINIZ, Daniela. *O que significa trabalhar com liberdade.* Disponível em: https://gptw.com.br/conteudo/artigos/trabalho-com-liberdade/?fbclid=IwAR2l-keA9CHUo8Qeh0KbOV6hZPTM6mzZhpzHF4tusmSyu6Kehx9QwAWlmdHo. Acesso em: 5 ago. 2019.

encaro com tranquilidade a quantidade de horas que preciso dedicar à empresa. E isso acontece simplesmente porque há um sentido nessa minha dedicação e eu sei que é esse empenho que vai me levar cada vez mais longe. Esse ponto precisa ficar claro nas empresas, deve ser debatido entre os times. Essa é uma reflexão que pode, inclusive, facilitar a comunicação entre gestores e equipes, evitando conflitos.

Se o trabalho é, para você, um peso, pare um pouco para analisar se o que você faz está em sintonia com as suas metas pessoais. Existem bloqueios na sua relação com a empresa?

É fundamental que você tenha em mente que é bastante difícil conquistar seus objetivos sem se sentir realizado, então faça essa reflexão com cuidado e atenção.

EM BUSCA DE INSPIRAÇÃO

Vamos fazer um exercício. Pense por cinco minutos nas pessoas que você considera bem-sucedidas à sua volta. Não estou falando de personalidades da mídia, mas das pessoas com quem você convive. Pode ser seu médico, seu advogado, seu corretor de seguros, algum familiar ou o dono de uma empresa da qual você é cliente, por exemplo.

Por bem-sucedidas, considere aquelas pessoas que gostam do que fazem, que não vivem reclamando do trabalho e que se sentem realizadas. Não vale buscar a perfeição, afinal de contas, todos nós passamos por momentos ruins. Considere que os seus eleitos devem ser, de modo geral, satisfeitos com a vida, com as suas realizações e com seu trabalho. Além de tudo isso, agregue uma outra característica: elas precisam ser bem remuneradas pelo trabalho que executam. Ou seja, tente encontrar pessoas que, dentro das suas escolhas profissionais, recebem mais do que a média dos seus colegas.

Vamos começar? Nos próximos cinco minutos, tente identificar dez pessoas com essas características. Feito isso, anote num papel o nome de cada uma delas e escolha as três que você acredita serem as mais bem-sucedidas. Agora responda, também por escrito, as seguintes perguntas:

1. Quanto tempo levou, desde o início de suas carreiras, para que essas pessoas começassem a ser consideradas bem-sucedidas?

2. Como foi a trajetória de cada uma delas até a posição em que estão hoje?

3. Quantas horas por semana elas se dedicaram para conquistar seus objetivos?

4. Quantas vezes essas pessoas pensaram em desistir, mas decidiram seguir em frente?

5. Quais os três maiores desafios que essas pessoas tiveram em sua vida profissional e como elas os superaram?

Se você não tem todas as respostas, tente marcar uma conversa com cada uma delas e perguntar diretamente, explicando que as admira e que isso faz parte de um processo importante para você. Aposto que, quando tiver as respostas, vai descobrir que a maioria trabalhou muito mais do que você pensava e enfrentou momentos muito mais duros do que você era capaz de imaginar. É possível que depois dessas conversas você perceba que chegar lá é mais desafiador do que você achava, mas vai entender que, trabalhando bastante e colocando sua energia nas coisas certas, você também será capaz de conquistar seus objetivos.

AJA COMO SE ESTIVESSE FALIDO

Essa é outra premissa valiosa que nunca abandonei: trabalhe como se não tivesse dinheiro algum. Isso mesmo, nunca se acomode, independentemente da sua situação financeira. No meu caso, não importa quanto de dinheiro tenho no banco, o meu empenho sempre é igual ao que seria se não tivesse nenhum centavo de reserva de emergência.

E insisto nisso porque cada dia mais me deparo com profissionais acomodados. Basta começar a ganhar um pouco melhor para imediatamente aumentar o padrão de consumo e achar que o sucesso profissional, seja numa empresa, seja à frente do próprio negócio, já está garantido.

Mas é preciso que tenhamos consciência de que as coisas não são bem assim. Em primeiro lugar, a vontade de fazer mais e melhor é o combustível para que não desanimarmos diante das dificuldades. Todos temos o direito de estar mais ou menos motivados, é claro, porém, na maior parte do tempo, devemos estar atentos. Só avançamos quando se esforça para não cair no comodismo.

É assim que agem os grandes. Considerado o maior investidor do mundo, o norte-americano Warren Buffett, dono da companhia Berkshire Hathaway, vive na mesma casa desde 1958, apesar de acumular uma fortuna estimada em US$ 81 bilhões.[24]

Para mim, a história de Buffet é um exemplo de motivação, de amor verdadeiro pelo trabalho e de valorização do dinheiro conquistado. Vejo muito desperdício por aí e, para mim, trabalhar duro independentemente de nossas posses é uma premissa fundamental. No fim das contas, concluo que as pessoas muito bem-sucedidas financeiramente sabem fazer o dinheiro trabalhar para elas, não o contrário. Mesmo assim, respeitam cada centavo acumulado. Elas têm clareza de que, independentemente do valor acumulado, o dinheiro é finito e não costuma aceitar desaforo.

O mesmo conceito pode ser aplicado na gestão de uma empresa. Quando os resultados começam a aparecer, é comum que gestores logo queiram aumentar o time, viajar de classe executi-

---

[24] "Sete bilionários que levam uma vida bem simples." *Época*. Disponível em: https://epocanegocios.globo.com/Vida/noticia/2016/02/7-bilionarios-que-levam-uma-vida-bem-simples.html. Acesso em: jun. 2019.

va, mudar para um escritório melhor. No entanto, é imprescindível que uma pergunta seja feita antes dessas decisões: realmente preciso fazer isso para alcançar melhores resultados e maior produtividade, ou só estou alimentando meu ego e vou comprometer o caixa da empresa?

ACREDITAR NO IMPOSSÍVEL

Meus amigos costumam dizer que, além de ter uma cara de pau que me ajuda a abrir portas, tenho talento para fazer muito com pouco, o que, para mim, é um importante diferencial competitivo. Fico orgulhoso com o elogio e confesso que concordo com o que eles dizem.

No entanto, o que meus amigos talvez não enxerguem é que meu objetivo não é exatamente fazer muito com pouco, mas, sim, pensar em tudo o que é possível fazer com os recursos de que disponho. Acredito que, diversas vezes, a realidade é que já temos o suficiente para fazer acontecer, mas o que nos falta é uma dose de ousadia.

Na verdade, fazer acontecer gastando muito é relativamente fácil. Contratar uma dezena de pessoas para ajudar a realizar um projeto é bastante cômodo. O problema é que quase sempre esses gastos impensados comprometem a saúde financeira e o futuro de uma empresa. Sobretudo as que estão começando ou que ainda são pequenas.

TODOS TEMOS O DIREITO DE ESTAR MAIS OU MENOS MOTIVADOS, É CLARO, PORÉM, NA MAIOR PARTE DO TEMPO, DEVEMOS ESTAR ATENTOS.

No livro *Dobre seus lucros*,[25] o autor Bob Fifer diz:

"O que você deve fazer, em nível pessoal, para adotar a mentalidade necessária para dobrar seus lucros? Meu primeiro conselho é: seja persistente. Certa vez, perguntei a um dos empresários mais bem-sucedidos que conheci qual era a chave do seu sucesso. Trata-se de um homem carismático, sincero e intuitivo, e esperava que ele citasse uma ou mais dessas qualidades. O que ele respondeu, simplesmente, foi:

— Sou teimoso.

— Você é o quê?

— Teimoso. Sei o que quero realizar. Conheço um método para chegar lá e acredito nesse método. E nada nem ninguém me impedirá de chegar lá, não importa o que diga ou faça."

Admiro esse tipo de teimosia e tento me comportar assim também. Fico de olho em todos os outros teimosos que conheço e tento aprender o máximo possível com eles e com suas histórias. É a habilidade de não desistir, que é, na realidade, ter persistência.

Mais do que persistência, é também interessante termos cuidado com o modo como nos expressamos, a fim de obtermos o melhor de nós mesmos e dos outros. Os melhores líderes que eu já conheci na vida foram aqueles com excelente

---

[25] FIFER, Bob. *Dobre seus lucros*. Rio de Janeiro: Agir, 2012.

habilidade para motivar e, consequentemente, obter o máximo de suas equipes. Para isso, antes de tudo, saiba se comunicar, expondo informações e suas opiniões da melhor maneira possível. Seja preciso, estabeleça datas, prazos, metas. Escreva o que deve ser feito e quando. Assim, será possível acompanhar tudo de perto, com persistência e foco. E, claro, comemorar cada passo conquistado.

A persistência também está intimamente ligada ao foco. Quem é persistente tem atitude, age para chegar lá. Trata-se de uma tarefa fácil? De jeito nenhum. É preciso lidar com os altos e baixos da nossa rotina, com as nossas crenças limitantes e com aquela vontade de desistir que, de tempos em tempos, nos assola. Faz parte do jogo se sentir assim e querer jogar tudo para o alto, todo mundo tem medo de errar. Mas especialmente nessas horas, a persistência tem de ser nossa maior qualidade.

Não é nada fácil manter esses pontos em equilíbrio a todo momento, pois estamos sempre sendo desafiados pela vida. Mas nem por isso devemos seguir nos desculpando pelas nossas distrações, maus hábitos e falta de disciplina.

Faça a sua lista de tarefas, dedique-se, cumpra as suas metas. Deixe o celular um pouco de lado, confira o seu e-mail três vezes ao dia, por exemplo, em vez de uma a cada quinze minutos. Enfim, faça o que for preciso para agir com persistência e foco e você verá que os resultados vão começar a aparecer.

FAZENDO MUITO COM POUCO

Quem tem esse espírito de ação e é persistente de verdade sempre dá conta de superar qualquer dificuldade, sendo capaz de fazer tudo o que é possível com os recursos disponíveis e nas condições em que se encontra.

Contarei uma história real, de um amigo que eu reencontrei em 2006 e que, dez anos antes, havia feito um curso de empreendedorismo comigo, o Empretec, do Sebrae, em parceria com a ONU. Desde que o conheci, ele era um empreendedor obstinado. Cataldo Pirito, conhecido entre os amigos como Dino, tinha comprado na última década uma série de terrenos na orla do litoral alagoano. Então, quando um tempo depois houve o *boom* imobiliário no Nordeste e vários grupos europeus passaram a se interessar por terrenos para a construção de hotéis e condomínios, meu amigo italiano tinha alguns dos melhores disponíveis.

E foi aí que a novela começou. Por ser italiano e muito bem-sucedido, alguns veículos de comunicação tentaram extorqui-lo, criando rumores de que ele pertencia à máfia italiana. Como ele não cedeu, os rumores aumentaram e começaram a gerar problemas para os negócios.

Foi durante uma conversa que tivemos sobre o caso, dentro de um táxi com destino ao aeroporto de Congonhas, em São Paulo, que Dino me contou que era amigo de um magistrado da Operação Mãos Limpas, ocorrida na Itália, conhecida como a maior operação no combate à máfia e à corrupção na Europa.

Então tive uma ideia. Neste período, no Brasil, estávamos com uma grave crise política por causa do mensalão, e a ética era tema recorrente nos principais veículos de comunicação nacionais. Quando chegamos ao aeroporto, perguntei se ele poderia ligar para o tal juiz italiano, pois precisávamos trazê-lo para o Brasil.

Poucos dias depois, estávamos dentro da Associação Comercial, onde eu ocupava a função de presidente do Conselho de Jovens Empresários, num ciclo de palestras que eu concebi naquele dia, no aeroporto de Congonhas, chamado "A Ética em Debate". O primeiro convidado era o magistrado italiano Paolo Lielo, um dos principais nomes da Operação Mãos Limpas, ou seja, um dos principais inimigos da máfia italiana. Com auditório lotado e a mesa diretora do evento composta pelas maiores autoridades policiais e judiciais do estado, iniciamos a palestra do juiz. Ao lado dele, estava o meu amigo Dino Pirito, fazendo a tradução consecutiva. Esse detalhe também teve alguns ajustes estratégicos. Queríamos que Dino ficasse ao lado do juiz. Numa estrutura de tradução simultânea tradicional, com cabine e tradutores contratados, isso não seria possível.

No dia seguinte, vários veículos de comunicação noticiaram a palestra, incluindo o *Jornal Hoje*, da Rede Globo. Sempre ao

QUEM É PERSISTENTE TEM ATITUDE, AGE PARA CHEGAR LÁ.

lado de Paolo Lielo estava o meu amigo Dino, que, a partir daquele dia, passou a ser o empresário amigo do juiz inimigo da máfia italiana. Depois disso, sua vida ficou bem mais tranquila. E o custo dessa paz foi apenas o de uma passagem de avião, em classe econômica, da Itália para o Brasil, que a empresa do Dino patrocinou.

Em outras palavras, fizemos muito com pouco: o posicionamento de Dino ficou claro para o mercado e ainda tivemos a oportunidade de dar visibilidade a uma importante reflexão.

VENDO DE CIMA

Há dez anos escuto de um amigo chamado Renato Teixeira, que é cofundador da RE/MAX Brasil, que quando estamos com um problema precisamos sair dele para olhá-lo de cima, como se estivéssemos num helicóptero. Além disso, é fundamental manter a calma na busca por soluções.

Assim como no caso do Dino, muitas vezes a melhor solução para os nossos desafios chega até nós pelo olhar de quem está fora, de um *outsider*, digamos assim.

Mas como adotar essa estratégia em nossas vidas? Como olhar as coisas de fora e encontrar as melhores soluções para nossos problemas? Em seu livro *Uma pergunta mais bonita*,[26] o jornalista norte-americano Warren Berger lembra que a era em

---

[26] BERGER, Warren. *Uma pergunta mais bonita*. São Paulo: Goya, 2019.

que vivemos é das perguntas, mais do que das respostas. E que o questionamento, hoje, é fundamental para que possamos evoluir. Isso vale tanto para as empresas quanto para as pessoas.

Desse modo, o livro traz perguntas que já foram feitas em empresas como Google, Netflix e Airbnb e fizeram tudo mudar nessas corporações, consideradas lançadoras de tendências em suas áreas. Segundo Berger:

> "Perguntar não apenas libera o pensamento, permitindo também direcionar as questões, centralizá-las. Em seus exercícios, os alunos podem começar com uma ampla especulação, recorrendo ao divergente, mas, gradualmente, acabam usando suas próprias perguntas para colocar em prática o pensamento 'convergente' (centralizado), conforme chegam ao núcleo de um problema difícil e a um consenso sobre como proceder. Eles até mesmo usam as perguntas para o 'pensamento metacognitivo', à medida que analisam suas próprias questões e refletem sobre elas. 'As pessoas pensam no questionamento como algo simples', diz Rothstein, entretanto, quando praticado corretamente, 'ele é de um alto e sofisticado nível de pensamento'."

Eu também acho que é sofisticado pensar em boas perguntas, ver de fora, buscar soluções. E procuro fazer isso o tempo todo.

Na época em que usei pela primeira vez essa tática de olhar o problema de fora, ainda nem conhecia o meu amigo Renato, mas foi exatamente o que fiz. E não é difícil, basta exercitar.

O primeiro desafio é se desligar do problema, imaginar que ele não está ocorrendo com você. Particularmente, gosto muito de usar aplicativos que desenham mapas mentais (*mind maps*), mas você pode escrever numa folha de papel. No centro, escreva o problema e, em seguida, vá pensando nas diversas possibilidades de solucioná-lo. Não pare na terceira ou quarta tentativa. Coloque o máximo que conseguir. Outra dica importante é não se ater profundamente a cada uma das ideias, pelo menos não num primeiro momento.

Depois de colocar todas as possibilidades de resolução, comece a analisar cada uma delas, anotando quais seriam as ações necessárias para pô-las em prática, priorizando quais seriam as mais eficazes para solucionar o problema e quais seriam seus prós e contras, com os respectivos impactos.

O grande desafio desse exercício é respeitar cada passo e não cair na tentação de se ater à primeira solução que lhe vier à mente, acreditando que ela é a única ou a melhor de todas.

Sempre quando eu faço esse exercício, determino quanto tempo ficarei fora do problema para buscar a solução. Tenho certeza de que você irá se surpreender com sua capacidade de encontrar diferentes soluções. E a última dica: não entre em pânico, nunca.

VEJA SEUS PROBLEMAS DE CIMA

Aqui, compartilho com mais detalhes o passo a passo da estratégia de solução de problemas que mais utilizo, a de enxergá-los de cima para encontrar a melhor resolução.

- **PASSO 1:** Primeiro imagino que aquele dilema não é meu, não está acontecendo comigo. Não é fácil ver alternativas quando estamos no olho do furacão, dá medo. O apego que temos pelas pessoas ou pelas situações atrapalha tudo. Tento pensar que quem está passando por isso tudo é um colega.

- **PASSO 2:** Vejo com calma o real tamanho do problema e penso: o que pode acontecer de pior, qual o pior cenário?

- **PASSO 3:** Que soluções tenho à minha disposição? O que, de fato, posso fazer para sair do aperto?

- **PASSO 4:** Qual a melhor maneira de colocar essas situações em prática? Isso considerando tempo, resultados e recursos.

Experimente esse método na próxima vez em que não souber o que fazer. Garanto que você vai se surpreender com o resultado.

CAPÍTULO 6

ESCOLHA UM CAMINHO E PERSEVERE

No início de 2010, recebi o vice-presidente da RE/MAX para a América Latina e Caribe, Ricardo Cardenas, aqui no Brasil. Ricardo é de El Salvador, país da América Central que, em área, é menor do que o estado de Alagoas e que conta com uma população de apenas 6,3 milhões[27] de habitantes.

No nosso encontro, levei-o para jantar em um restaurante italiano em Alphaville, região metropolitana de São Paulo. E as horas em que estivemos juntos mudaram por completo a minha vida. Eu não poderia imaginar, mas nunca mais seria o mesmo depois daquela conversa. Curioso e genuinamente interessado pelos outros, ele perguntou sobre detalhes da minha carreira. Senti-me a vontade para falar e contei praticamente toda a minha trajetória profissional. Ao final, ele me disse: "Você tem uma história bacana, planta coisas bacanas, mas não consegue esperar as sementes darem fruto antes de ir para outro desafio; mal acabou, já

---

[27] "The World Bank in El Salvador". Disponível em: <https://www.worldbank.org/en/country/elsalvador/overview>. Acesso em: 05 ago. 2019.

quer começar a plantar de novo. Você tem um desejo incansável de se dedicar a projetos novos e não espera para colher".

Naquele instante caiu uma ficha para mim: não bastava ter boas ideias e pensar em projetos extraordinários, eu realmente precisava escolher um caminho e perseverar nele. Em outras palavras, precisava começar a ser mais resiliente. Jamais vou me esquecer disso.

A resiliência é um conceito da física que explica a propriedade que alguns corpos têm de retornar à forma original depois de terem sido submetidos a um desgaste. Exatamente como o elástico que a gente puxa e, rapidamente, volta para o lugar. Trazendo esse conceito para as pessoas, podemos defini-lo como a capacidade de lidar com problemas, adaptar-se a mudanças, superar obstáculos e resistir à pressão nos momentos difíceis. Sempre fui bom na hora de me levantar depois das quedas, isso tenho desde menino, mas, de fato, como me mostrou o Cardenas, faltava-me um senso de continuidade.

Agora, somados dez anos na RE/MAX, posso dizer que a empresa passou por uma série de dificuldades, principalmente no início da operação no Brasil, pois não seguimos as orientações dos norte-americanos. Naqueles tempos incertos, vez por outra eu recebia convites de *headhunters*, e, curiosamente, as propostas vinham quando eu estava mais fragilizado. Mas em todos esses momentos de tentação, eu me lembrava do meu amigo de El Salvador. Mesmo instigado a mudar de emprego, olhava para o que já tinha plantado e dizia: "Não! Essa colheita vai acontecer, estou apenas vivendo uma tempestade, e logo os frutos desse esforço vão nascer". Isso é o que significa ser resiliente, é conseguir se manter de pé e confiante de que seu planejamento vingará, é enxergar além do aqui e agora e saber o que o aguarda lá na reta final.

Aproveitando a reflexão, você acha que ela funcionaria também para a sua vida? Em algum momento nos últimos anos pensou em pular fora antes de ver um projeto no qual estava envolvido ganhar força de verdade?

Vale a pena refletir também se a sua rotina de trabalho não tem sido mais um fardo do que uma fonte de realização e crescimento.

E aqui eu deixo outra dica: imagine-se num jantar com um amigo com o mesmo perfil do Ricardo Cardenas, alguém com muita capacidade de análise e observação. O que essa pessoa diria? Que conselho você acredita que ouviria à mesa, nessa ocasião?

OLHE PARA SEU TRABALHO COMO UM INVESTIMENTO

Como mencionei anteriormente, em 2016 Ernani Assis, o vice-presidente da RE/MAX Brasil, e eu decidimos que não íamos mais pedir aportes aos acionistas: tínhamos de encontrar um jeito para que a empresa sobrevivesse do seu faturamento. Para acelerar esse processo reduzimos a nossa remuneração, que já não era elevada para os padrões do mercado, pela metade. Passamos a ganhar salários de gerente, mesmo ocupando os dois mais altos cargos da organização no país. A ideia era que, ao final do ano, quando atingíssemos nossas metas, recuperaríamos os salários. E foi o que aconteceu.

O ponto mais importante dessa história, para mim, é entender que o tempo dedicado ao trabalho é, na verdade, um investimento. E isso tanto do ponto de vista do aprendizado, do desenvolvimento pessoal e profissional quanto dos ganhos financeiros. Tendo esses pontos alinhados, você saberá se está ou não fazendo a coisa certa ao trabalhar onde e com o que você trabalha.

Reflita um pouco se a sua ocupação atual merece a sua resiliência e a sua determinação. E não se esqueça de que nós trabalhamos, ou deveríamos trabalhar, para nós mesmos, não exatamente para as empresas as quais estamos ligados.

Aproveito mais uma vez o gancho para relembrar a história de outro profissional que trabalha para a RE/MAX como se trabalhasse para a sua própria corporação e que colhe os frutos da sua determinação e vontade.

Mozart Mattoso entrou na empresa no final de 2015, como analista financeiro e ainda cursando a faculdade de Economia. Não demorou a se destacar e isso se deu, pelo conhecimento de sua área e de ações que poderiam ser incorporadas para melhorar os processos. Além disso, ele sempre se dedicou absurdamente ao trabalho, como se aquele fosse o seu próprio negócio.

Em 2016, o gerente da área financeira saiu da empresa e o Mozart foi promovido a coordenador. Se saiu tão bem na função que logo se tornou o nosso novo gerente financeiro.

Pouco tempo depois, ele veio até mim pedir permissão para solucionar alguns dos problemas que tínhamos na área de tecnologia da informação. Eu disse que não, afinal aquela não era a área de conhecimento dele. Mas é claro que ele fingiu que não ouviu e, aos poucos, foi se envolvendo na melhoria do departamento até finalmente assumir também uma nova gerência de operações, que incluia as áreas de TI e Financeiro. Meses depois, em 2019, foi promovido a diretor, também de operações.

Eu tenho certeza que Mozart vai bem longe na RE/MAX. Ele é focado, sabe o que quer, tem os seus objetivos, não se acomoda e está sempre pensando nos melhores rumos a seguir. É daqueles profissionais que as corporações precisam valorizar antes que a concorrência os leve embora. O melhor é que não faltam pessoas com o mesmo perfil do Mozart na empresa que lidero, e isso é fantástico.

QUESTÃO DE FLEXIBILIDADE

Dentro dessa reflexão, vou apresentar para você as principais características das pessoas resilientes, identificadas no livro *Sobreviver: instinto de vencedor,*[28] de Claudia Riecken. Para retomar,

---

[28] RIECKEN, Claudia. *Sobreviver: instinto de vencedor*. São Paulo: Saraiva, 2012.

insisto que resiliência não é sinônimo de persistência. Por resiliência entendemos a capacidade que uma pessoa tem de se adaptar, ser flexível e manter-se em pé diante de momentos de estresse. Como fazem aqueles capazes de resolver conflitos e aprender com seus erros sem sair do seu estado geral de equilíbrio.

Nessa linha, pessoas resilientes costumam ter um propósito e seguir nele mesmo diante das dificuldades. Também são capazes de identificar seus próprios pontos fortes e usá-los a seu favor para superar as adversidades. Outros traços comuns aos integrantes desse time poderoso são o otimismo, a gratidão e a habilidade de enxergar oportunidades mesmo nas dificuldades.

Porém isso não é tudo: quem tem resiliência aceita as mudanças e as vê como chances de não ficar retido na zona de conforto. Com autoestima e confiança, os resilientes aprendem sobre si mesmos o tempo todo. Acima de tudo, eles gostam do que veem no espelho, reconhecendo o seu valor pessoal. É isso o que, na essência, move e leva essas pessoas ao crescimento.

A resiliência revela quem sabe ou não trabalhar sob pressão. O nível de resiliência de uma pessoa determina se ela terá sucesso ou se acabará por se perder pelo caminho. Quanto mais resiliente é uma pessoa, mais forte e preparada ela estará para lidar com as adversidades da vida.

No fim das contas, o sucesso é fruto das nossas quedas e derrotas, e tudo depende do modo como vemos as experiências, se

QUEM TEM RESILIÊNCIA ACEITA AS MUDANÇAS E AS VÊ COMO CHANCES DE NÃO FICAR RETIDO NA ZONA DE CONFORTO.

somos capazes de utilizá-las como oportunidade de aprendizado e crescimento. A vida ensina e nos torna resilientes apenas se estivermos preparados para receber esse conhecimento.

PEÇA AJUDA

Outra característica comum aos resilientes, que eu particularmente acho incrível, é a de sempre buscarem ajuda quando julgam necessário. São pessoas conscientes de que não podem resolver tudo sozinhas.

Experimente, a partir de agora, pedir auxílio quando for preciso, quando você souber que não vai dar conta de lidar sozinho com alguma questão. Deixe qualquer traço de arrogância ou soberba de lado e também o receio sobre o que os demais pensarão do seu trabalho caso não tenha todas as respostas. É importante ter em mente que ninguém domina tudo sozinho. Prefira sempre o caminho da humildade.

Eu acredito que, de modo geral, não agimos mais assim porque temos medo de o nosso pedido ser negado. Mas, se sabemos que o "não" já temos, por que não tentar conquistar o "sim"? Eu sempre tento, e faço isso com toda a franqueza e honestidade. Além disso, também procuro sempre estar aberto a ajudar aqueles que vêm até mim pedindo auxílio.

Outro erro comum que muitos cometem é pedir auxílio apenas para os que consideram *experts* em determinados assuntos, esquecendo-se de que podem também conversar e expor seus problemas aos seus pares ou aos seus colaboradores. O suporte que mais precisamos pode vir de onde menos esperamos.

Um exemplo disso aconteceu comigo no final de 2015. Após uma reunião do conselho de administração da RE/MAX, saí extremamente abatido. Tinha sido um dia ruim, daqueles em que tudo o que pode acontecer de errado efetivamente acontece. Naquele momento passou pela minha cabeça jogar tudo para o alto e começar uma nova jornada, em algum outro lugar. Foi então que Ernani e eu decidimos dar uma volta no quarteirão para espairecer. Apesar de trabalharmos juntos desde 2012 e de nos respeitarmos e admirarmos bastante profissionalmente, nossa relação não era exatamente de amizade. Bem, não até aquela volta no quarteirão.

Ele percebeu que eu estava muito estressado. Durante aquela caminhada, que durou uns vinte minutos, pedi ajuda a ele, e decidimos juntos que iríamos mudar o destino da empresa. Nos comprometemos um com o outro a trabalharmos incansavelmente, lado a lado, para fazer de 2016 o melhor ano da marca no Brasil. E depois daquela curta caminhada, começamos a construir uma nova história para a RE/MAX Brasil. Também acabamos por nos tornar grandes amigos, e o comprometimento mútuo nos levou a alcançar as nossas metas.

Aqui, é importante chamar a atenção para um ponto importante: procurar alguém para ajudá-lo a alcançar seus objetivos é completamente diferente de usar as pessoas. Ninguém gosta de se sentir usado. Seja franco em seu pedido e esteja pronto para retribuir o auxílio quando puder.

Na minha experiência, ter feito o Caminho de Santiago em 2000 foi um curso intensivo sobre a importância de pedir ajuda. Para quem não sabe, o caminho nem mesmo é único, são várias as rotas que levam à cidade de Santiago de Compostela, na Espanha. Fiz a mais tradicional delas, com oitocentos quilômetros de extensão, num período de 26 dias.

Na época eu não tinha essa consciência e nem estava treinado a levantar a mão e pedir ajuda. Mas mesmo assim, ao ser tantas vezes amparado pela solidariedade que envolve os peregrinos do Caminho, aprendi que estamos neste mundo para dar e receber.

Uma história que me marcou, por exemplo, aconteceu em Urtega, uma das pequenas cidades da rota. Eu estava com muita dor e fome, mas olhava para os lados e só via todas as casas fechadas. Por fim, encontrei um albergue e, sem forças para mais nada, dormi. Ao acordar fui procurar comida naquela cidadezinha praticamente abandonada e encontrei uma das pessoas mais maravilhosas que já conheci até hoje: Ángel, uma moça de 26 anos que morava com a família numa casa que hospedava peregrinos. Perguntei a ela onde poderia encontrar algo para comer e ela me deu a ótima notícia de que servia sanduíches e acolhia pessoas na mesma condição que eu. Nem pestanejei, disse que voltava em alguns minutos e fui até o albergue buscar as minhas coisas. Nisso, ainda tive a oportunidade de ceder a minha cama a um senhor inglês preocupado com o estado de sua mulher, com dificuldade de andar.

Fui recebido como um membro da família por Ángel e sua família. A noite, depois de um belo jantar, caí no sono e só acordei às dez da manhã do dia seguinte. Nunca vou esquecer daquelas pessoas.

Como falo bastante sobre isso, muitas pessoas me abordam querendo dicas de como pedir ajuda. Respondo o óbvio, mas que representa exatamente aquilo que me guia: "Para pedir ajuda, basta pedir ajuda". Levante a mão e fale, não tenha vergonha de se expor. Seja ousado, seja cara de pau, o que for: apenas peça ajuda.

Na verdade, além da lição de pedir auxílio, nunca vou esquecer nada do que me aconteceu nessa experiência na Espanha, única e definitiva na minha vida. Tanto que, nas minhas palestras, gosto de destacar que o camínho para atingir os nossos objetivos é sempre mais difícil do que parece em grande parte porque essa foi uma das mais importantes lições que aquela jornada me trouxe.

Ter clareza do que você quer é essencial, mas saber transitar por caminhos diferentes daquele que você previu inicialmente faz parte do jogo. Senti na pele essa necessidade de estar aberto às mudanças quando fiz o Caminho, entendi que era preciso manter o meu Waze pessoal ligado.

A VIDA ENSINA E NOS TORNA RESILIENTES APENAS SE ESTIVERMOS PREPARADOS PARA RECEBER ESSE CONHECIMENTO.

O Caminho é, para muita gente, uma oportunidade de encontro consigo mesmo e um aprendizado de superação. E isso vai das bolhas nos pés às dores musculares, muita gente pensa em desistir nos primeiros dias de caminhada. Concluir essa jornada vai muito além de percorrer uma rota turística, é uma experiência mesmo. Ninguém sai do mesmo jeito que entrou. Na internet, qualquer pesquisa básica vai levá-lo a depoimentos fortes sobre o assunto. Mesmo que você não pense em ir para lá, vale a pena se inspirar nos relatos.

Achava que o Caminho de Santiago tinha de ser feito só, pois apenas dessa maneira iria estar em contato com tudo aquilo que me havia proposto. Que erro! Ao me preparar, pesquisei muito e comprei o melhor par de botas à disposição no mercado. Investi 150 dólares nisso, mas, na euforia, não amaciei os sapatos antes da viagem. Já no primeiro dia descobri como estava equivocado, tive cãibras, dores nas pernas – e ganhei uma tendinite de brinde –, mas, felizmente, conheci um peregrino da Áustria chamado Mathias e passei a andar em sua companhia. Simplesmente começamos a conversar, gostei da companhia dele e seguimos. Os músculos do meu corpo doíam tanto que mal podia colocar os pés no chão, mas desde esse dia, tinha o apoio de um grande motivador, o meu amigo Mathias. Saímos em direção a Santiago de Compostela, e aí as coisas começaram a acontecer.

Vi todo o meu planejamento cair por terra. Com dores fortes, eu não conseguia acompanhar os passos de meu companheiro – que estava muito mais bem preparado do que eu. Chegando no Alto do Perdão, fiquei para trás de vez. Cheguei em Urtega na hora da siesta (a sesta é uma breve cochilada no início da tarde, geralmente depois do almoço. Esse período é o tradicional sono durante o dia na Espanha e se diz siesta em castelhano ou migdiada em catalão) e tudo estava fechado. Com muita fome, completamente exausto, achei que não fosse conseguir chegar ao fim mais vezes do que posso contar. Foi no dia seguinte que conheci Angel, que me acolheu em sua casa e ajudou, como contei anteriormente, fazendo com que eu conseguisse prosseguir no caminho.

Parti para Estella, onde reencontrei Mathias, que já havia reservado uma vaga para mim em um albergue com outros brasileiros. Porém, eu estava muito machucado por conta das botas e, no dia seguinte, tive de abandoná-las e aceitar um par de sapatos velhos, muito gastos, de um homem chamado Pablo. Depois de me entregar as botas usadas, ele me perguntou se não conhecia um homônimo seu chamado Pablito. Como respondi negativamente, fui levado a conhecer aquela figura tão conhecida dos peregrinos.

Batemos na porta de uma casa simples. Logo um senhor de aproximadamente 70 anos com cabelos brancos e olhos azuis nos convidou a entrar e ofereceu um café com leite quente. Perguntou como eu estava e ouviu as minhas lamentações. Ao me ouvir dizer que pensava em desistir, ele me levou ao quintal da sua casa, me deu um cajado, segurou o meu ombro e disse, com voz firme e, ao mesmo tempo, carinhosa: "Não seja covarde, homem, siga com o caminho".

As palavras dele me perseguem até hoje quando penso em desistir de algum projeto. Grato pelo incentivo e pelo café, segui meu rumo renovado.

Ao longo do caminho, recebi apoio de pessoas que nunca tinha visto na vida e encontrei força para prosseguir a partir delas. Comecei a usufruir das lições do Caminho e a perceber como podemos comparar essa experiência à nossa vida...O caminho é mágico, sim! Ter passado por essa experiência, para mim, valeu por anos de terapia, foi uma oportunidade única de me conhecer. De entender as minhas virtudes e os meus defeitos e limitações. Percebi aí que não sou feliz sem ter gente por perto, se não receber apoio e não apoiar outras pessoas. Foi daí que veio uma lição que sempre levarei comigo: somos muito menores do que pensamos e infinitamente mais fortes do que imaginamos.

Você consegue pensar nesses pontos na sua vida? Entende que sair do *script* pode ser muito bom e consegue enxergar as oportunidades que surgem nas adversidades? Avalie se não está sendo muito rígido com você mesmo.

Para sobreviver em meio ao caos, só com muita criatividade, só recarregando as baterias o tempo todo. E como é possível fazer isso? Aqui vão duas dicas:

Olhe para o lado em busca de inspiração e pense em como a sua conduta poderia ser diferente do que é. Converse com os amigos, ouça o que dizem (em palestras, em vídeos ou em livros) as personalidades que você admira. Veja filmes, peças, exposições e saia para espairecer e caminhar sozinho.

Além de tudo isso todos os meses faço questão de almoçar pelo menos duas vezes com pessoas que eu não conheço. Mando um e-mail ou mensagens através do LinkedIn e faço o convite. Garanto que ótimos contatos e aprendizados surgem daí.

Para ter forças, renovar as energias, nada melhor do que olhar para onde você estava no começo da sua trajetória, percebendo quanto você avançou ao longo do tempo. Lembre-se das suas conquistas profissionais e do seu valor. Feche os olhos, ouça uma música que o deixa inspirado e pense nos momentos em que você se sentiu mais poderoso no trabalho e na vida. Deixe a emoção vir à tona e você sairá fortalecido dessa experiência simples e individual.

No fim das contas, vejo com clareza que cada experiência imprevista veio para me ensinar alguma coisa. O meu GPS estava ligado e, hoje reconheço, fez um excelente trabalho ao me levar por rotas alternativas. Como já sabemos, o importante é chegar lá.

CAPÍTULO 7

AS PESSOAS SÃO O MAIS IMPORTANTE

Não vejo possibilidade de sucesso para o líder que não se preocupa com as pessoas nem entende que elas são o mais importante de qualquer negócio. Eu, por exemplo, sempre gostei de me relacionar, e parto do princípio de que qualquer um que cruzar o meu caminho pode me ensinar alguma coisa.

Continuo sempre a servir as pessoas porque, na realidade, isso me faz muito bem. Chega até a ser um ato egoísta, se pararmos para analisar. No fim das contas, penso no sentimento que esse apoio aos outros vai me dar e tenho prazer nisso. Faço porque gosto de ser assim e não porque as pessoas um dia vão me dar algo de volta. São atitudes genuínas minhas, mesmo sabendo que, de algum modo, a lei do retorno não falha. Nem que leve dez anos para acontecer, a gente sempre colhe aquilo que planta.

Certo dia, durante uma reunião com franqueados da RE/MAX, perguntei a eles sobre os objetivos a serem alcançados ao final do ano seguinte, ao mesmo tempo que os orientava que também precisavam questionar e debater as metas de seus agentes. E fiz isso porque defendo que para avançarmos em nossos planos precisamos entender o que querem os nossos parceiros. Os nossos franqueados só vão chegar lá se os agentes deles chegarem também. Todos temos que pensar na rede, e agir assim é pensar no ganha-ganha. Não nos resta outra saída senão conciliar os interesses dos nossos colegas, parceiros e clientes. Assim, todos crescemos juntos e lucramos juntos.

Percebe como faz sentido pensar dessa forma? Quando temos consciência do coletivo, passamos a prestar mais atenção no bem-estar dos outros e a colaborar para a sua evolução.

No clássico livro *Empresas feitas para vencer*[29], o consultor e palestrante Jim Collins destaca uma postura similar por parte da liderança:

> "A expressão nível 5 se refere a uma hierarquia de competências dos executivos em cinco níveis, da qual o nível 5 representa o topo. Os líderes do nível 5 encarnam uma mistura paradoxal de humildade e firme vontade profissional. São ambiciosos, sem dúvida, mas sua ambição é antes de tudo pela empresa, não em proveito próprio.

---

[29] COLLINS, Jim. *Empresas feitas para vencer*. Rio de Janeiro: Editora Campus, 2001.

Os executivos de nível 5 preparam seus sucessores para que atinjam um sucesso ainda maior na geração seguinte, enquanto os egocêntricos líderes do nível 4, em geral, preparam seus sucessores para o fracasso."

Esse deve ser o ponto: promover o sucesso. Pensar no desenvolvimento de todos.

Eu fico impressionado em constatar como alguns líderes simplesmente não se dão conta disso. A empresa como um todo ganha: o avanço de um funcionário é o avanço de todos. Aqui na RE/MAX eu já tenho em vista meus possíveis sucessores. Quero que cresçam, apareçam e sejam presidentes melhores do que eu fui um dia. Esse cuidado faz parte do cargo que ocupo, do meu compromisso com a corporação.

AS MELHORES

Não à toa, as companhias estão cada vez mais preocupadas com seus colaboradores. Na edição de 2018 do ranking das 150 melhores empresas para se trabalhar da revista *Você/SA*[30], quinhentas corporações se inscreveram para participar da seleção, feita em parceria com a Fundação Instituto de

---

[30] AMARO, Mariana. "São Martinho ganha prêmio principal do Melhores Empresas para Trabalhar." Disponível em: https://exame.abril.com.br/carreira/sao-martinho-ganha-premio-principal-do-melhores-empresas-para-trabalhar/. Acesso em: 5 ago. 2019.

Administração (FIA). Nunca antes houve um número tão alto de inscritos.

A primeira colocada foi a São Martinho, companhia do setor de processamento de cana com sede em Pradópolis, no interior de São Paulo. Lá, o chamado Índice de Felicidade no Trabalho (IFT), usado na seleção, foi de 86,9 numa escala que vai de 0 a 100. Foi a nota mais alta do levantamento. A empresa saiu na frente principalmente devido a fatores como respeito aos funcionários e a instituição de um plano de carreira transparente. Pontos como clima, autonomia e confiança são citados como destaques positivos pelos gestores da São Martinho. Mas como estimular esses pontos no dia a dia?

Em primeiro lugar, colocando em prática o que se diz para os funcionários. Do que adianta divulgar que as pessoas são o ativo mais importante da corporação se não existe nem um banheiro decente para os funcionários? Se as cadeiras nas quais as pessoas trabalham são duras e fora dos padrões de conforto e segurança? Se funcionárias grávidas são persegui-das por causa das saídas para exames e morrem de medo de serem demitidas depois da licença-maternidade?

Seu time precisa confiar em você, saber que, para a or-ganização, seu trabalho faz a diferença. Seus colaborado-res devem ter autonomia, liberdade para tomar decisões, para acertar e para errar. Permitir que homens e mulheres

SEU TIME PRECISA CONFIAR EM VOCÊ, SABER QUE, PARA A ORGANIZAÇÃO, SEU TRABALHO FAZ A DIFERENÇA.

ajam com confiança e autonomia é favorecer o crescimento de todos.

Invista em cultura corporativa, comunique a todos quais são os valores e metas da empresa, o que espera do seu time. E deixe que cada um faça a sua parte com empenho e com liberdade.

DEIXE O CAMINHO LIVRE PARA OS OUTROS

Ainda sobre crescimento, quero destacar que, para você vencer, outros não precisam perder. O melhor cenário é sempre aquele no qual todos avançam. Não vejo sentido em querer passar a perna no outro. Como já disse, mais cedo ou mais tarde você colhe o que planta.

Por isso, recomendo: deixe o caminho livre para que os outros também evoluam, ajude os seus colegas a chegarem ao topo. Sabe a função que você deseja ocupar e que atualmente é do seu líder? Ajude-o a obter bons resultados e ser promovido. Assim, o caminho ficará livre para você.

Não é assim que a maioria das pessoas pensa. Mas lembre-se: ninguém precisa cair para que você suba.

Com isso, temos de encarar um outro desafio: gerenciar o ego. É muito importante ter humildade. Cada um de nós é apenas uma peça da engrenagem, não o sistema inteiro. Nada acontece sem o time todo!

Quer ver uma prova disso? Muitas vezes, quando pessoas importantes saem de cena vem o temor da perda, da paralisação. Apesar disso, o mundo continua caminhando. Quem poderia imaginar a Apple sem Steve Jobs? [31]

Pois a empresa vai bem, obrigado. Além disso, coleciona recordes sob a gestão de Tim Cook, o atual CEO. Com mais de uma década de trabalho na corporação, Cook estava pronto para assumir o legado de um dos líderes mais poderosos do século XXI. A base estava pronta para que ele assumisse.

Em resumo, estamos todos aqui para agregar, sirva os outros e tenha humildade para aprender.

O VALOR DA HONESTIDADE

Você já ouviu a música "Caramba... Galileu da Galileia", de Jorge Ben Jor? Vale muito a pena refletir sobre alguns pontos dela. Ouvi essa música pela primeira vez em uma palestra do empresário Fernando Albuquerque. Há um trecho na canção que diz o seguinte: "Se malandro soubesse como é ser honesto, seria honesto só por malandragem". A gente sabe que a ética é um princípio básico que não deveria merecer destaque algum, mas infelizmente, no nosso país ela ainda é um diferencial. Portanto, aproveite! Principalmente em tempos competitivos como os nossos.

---

[31] TOMÉ, João. "Sete anos da Apple sem a liderança do icônico Steve Jobs." Disponível em: https://insider.dn.pt/em-rede/sete-anos-de-apple-sem-a-lideranca-do-iconico-steve-jobs/. Acesso em: 5 ago.2019.

Quando reafirmo a necessidade de colocarmos as pessoas em primeiro lugar, quero que saiba: a honestidade gera um círculo virtuoso de prosperidade. E não vai longe quem não pensa no longo prazo. Obter vantagem passando por cima dos outros pode até ajudá-lo em algumas conquistas pontuais, mas certamente não trará longevidade para os negócios.

Na prática, todo mundo quer achar um mecânico honesto, aquele que trabalha bem e não inventa serviços para aumentar o orçamento do conserto do seu carro. E é assim não só na oficina, mas em todos os outros departamentos da vida. O desonesto só atende o cliente uma vez. Com sorte, duas ou três, até ser descoberto. Já o honesto terá fila de espera a vida toda. Seus clientes vão voltar e recomendar seus serviços. Afinal, são raros no mercado. Quando descubro esses bons fornecedores, não os deixo por nada. E esse é o segredo do sucesso: servir bem, com correção, para servir sempre. No fim das contas todo mundo sai ganhando.

Essa linha de pensamento é tão verdadeira que já pode ser sentida nas empresas. E uma maneira de garantir a ética e honestidade em seu negócio é com o fortalecimento da área de *compliance*.[32] A expressão vem do termo *comply*, que em inglês significa agir dentro das regras. Assim, ter o *compliance* como

---

[32] "Prevenindo com o compliance para não remediar com o caixa." Disponível em: https://endeavor.org.br/pessoas/compliance/. Acesso em: jun. 2019.

um ponto permanente de destaque e de reflexão significa estar sempre em linha com as normas e controles internos e externos. Aqui, estamos falando simplesmente de agir com correção. Uma empresa que quer se consolidar no mercado a longo prazo precisa alinhar sua função de *compliance*, o seu compromisso, com a sociedade e com o mundo de modo geral. Precisa agir com ética e correção. Não há outra opção. É uma questão de sobrevivência mesmo.

Nós não somos ninguém sem as pessoas, sem a ajuda dos outros. Precisamos servir por servir. Somente assim será possível evoluir e fazer do mundo um lugar melhor para os nossos filhos. Ajudando as pessoas a gente se ajuda também, essa é a verdadeira evolução. É assim que a gente realmente planta boas sementes, aquelas que vão virar frutos um dia, que vão fazer a diferença na sua vida e na vida dos outros. Se você nunca pensou no assunto a partir desse ponto de vista, deveria começar a pensar. Abra a cabeça, abra os braços, abra a agenda. E comece a ajudar.

FORTALEÇA SEUS RELACIONAMENTOS NO TRABALHO

Também é importante falarmos um pouco mais sobre relacionamento no trabalho. É muito importante que você saiba gerar valor para o seu time, deixando claro que você valoriza as pessoas e

A HONESTIDADE GERA UM CÍRCULO VIRTUOSO DE PROSPERIDADE.

criando oportunidades de ganha-ganha na prática, no dia a dia, não apenas no discurso.

É isso que Eduardo Carmello, especialista em RH, destaca em seu livro *Gestão da singularidade*.[33] Para o autor, ser singular é o aspecto mais poderoso do mercado de trabalho do século XXI. Por isso devemos valorizar cada vez mais os talentos individuais. O resultado, o ganho de gestão obtido a partir desse cuidado é impressionante.

Nessa linha, os chamados gestores de alta performance oferecem conhecimentos variados para cada integrante de sua equipe, de acordo com o potencial e com as características de cada um, valorizando suas entregas e ideias. Assim, têm-se feedbacks específicos, personalizados, que aumentam o engajamento com o trabalho. Isso com a devida valorização das entregas e das ideias, pelo que cada talento é capaz de fazer.

Sendo assim, ouça o que os seus funcionários têm a dizer. E faça isso todos os dias, mantendo a porta da sua sala aberta. Converse com amigos que também ocupam cargos de liderança. Já ouvi relatos, por exemplo, de presidentes de empresas que participam até mesmo das entrevistas de admissão dos menores aprendizes de suas organizações. E isso é mais do que prova de seu compromisso com todos os funcionários,

---

[33] CARMELLO, Eduardo. *Gestão da singularidade*. São Paulo: Editora Gente, 2012.

sem distinção. Fico imaginando o frio na barriga desses jovens nessas entrevistas, que normalmente são sua primeira (ou uma das primeiras) experiências de trabalho. Mas, por outro lado, eles também sentem a valorização embutida nesse gesto. Sem dúvida é uma ótima ideia.

CAPÍTULO 8

O MUNDO É DOS OBSTINADOS

De todas as qualidades que apontei até aqui como essenciais para o sucesso, a obstinação é uma das principais. Tenho grande admiração pelos obstinados e costumo dizer o tempo todo que o mundo é deles.

Para começar, vamos entender melhor o que é, exatamente, uma pessoa obstinada. Para mim, é alguém que persiste e segue firme em seus objetivos, mesmo diante das dificuldades.

Acredito que, ao ler o livro até aqui, você já compreendeu o que eu aprendi ser necessário para crescer conquistando objetivos e metas. Refletimos sobre o fato de que ninguém é perfeito, sobre a importância de saber aonde queremos chegar, sobre a necessidade de sermos empreendedores, termos bons mentores, trabalharmos muito e seguirmos em frente com resiliência, valorizando as pessoas. Esse é o caminho que deve ser percorrido por aqueles que são movidos pela perseverança.

Desse modo, para abordar agora o conceito da obstinação, não poderia escolher referências melhores do que um casal de amigos que admiro muito: Sebastian Sosa e Dotti Peñate Sosa. Casados, eles são, respectivamente, presidente e diretora da RE/MAX na Argentina, e ambos ótimos exemplos de obstinação.

Ele argentino, ela espanhola, moravam nos Estados Unidos e sonhavam em se estabelecer em Buenos Aires um dia. Contudo, não foi fácil: no começo da vida a dois, eles não tinham dinheiro nem para ir ao cinema uma vez por mês, economizavam com tudo. Ele era agente imobiliário e guardava todo o dinheiro possível para atingir o objetivo de voltar a viver em seu país. Ela era produtora de TV e também não tinha um salário alto.

Em outubro de 2004, depois de muitos anos de trabalho e privações, eles finalmente conseguiram. Levaram a franquia da marca para a terra do Maradona. No entanto havia um detalhe: ninguém conhecia a empresa naquele país e não havia por lá nada parecido com uma rede de franquias de imobiliárias.

Na Argentina, esse ainda era um ramo de negócio muito tradicional, normalmente tocado de maneira isolada, por profissionais que estavam há muito tempo na área. Ou seja, Sebastian e Dotti tinham ainda de superar muitas barreiras para fazer a empresa dar certo por ali. Eles começaram pequenos, é claro, e até hoje contam que, no início, tudo o que tinham era um carro, uma sala e um quadro com a logomarca da empresa pendurado na parede.

Quinze anos depois, alcançaram a liderança nas vendas de imóveis naquele mercado, receberam três vezes o título de melhor operação do mundo. Presentes hoje em mais de quarenta cidades, eles têm mais de 130 franquias em funcionamento. Mas como eles fizeram isso?

ENTREGUE SEMPRE MAIS

Os obstinados, como Sebastian e Dotti, entregam sempre mais do que foram contratados para fazer. No início da operação da empresa na Argentina, eles não tinham nada além de um sonho para vender e uma marca desconhecida do mercado local. Contudo, esses dois pontos estavam envoltos em muita euforia e, principalmente, muito trabalho. E a entrega deles sempre foi muito generosa.

Nos cinco primeiros anos da operação, eles trabalhavam, nas palavras do próprio Sebastian, das oito da manhã até a meia-noite. Quem os procurava para saber mais sobre franquias descobria que eles tinham um treinamento de capacitação diferenciado para a venda de imóveis. E isso, claramente, foi chamando cada vez mais a atenção dos clientes.

A união da experiência da empresa na área, do método próprio para comercializar casas e apartamentos e da obstinação do casal uma hora ou outra vingaria, mas os resultados só apareceram de fato depois de uma década de dedicação e foco no cumprimento das metas. Eles sabiam aonde queriam chegar, não queriam nada menos do que a liderança do mercado argentino, e depois de muito trabalho e persistência conquistaram esse objetivo.

Para isso fizeram esforços desmedidos, como por exemplo investir na mudança da sede para o bairro da Recoleta, um dos mais caros de Buenos Aires. Nesse ponto, Dotti sempre destaca, nas nossas conversas, que é fundamental dar o melhor possível para os franqueados e agentes. Mesmo que eles vivessem numa rígida contenção de gastos, sem reservas, aquela era uma mudança que valia a pena fazer. Era, novamente, uma questão de entregar o melhor para que o melhor viesse em troca daquele esforço.

Ao longo da caminhada, meus amigos destacam alguns dos momentos mais duros. O ano de 2008, marcado pela crise econômica mundial,[34] atrapalhou os planos de muitas empresas. Para muitos analistas, foi a pior crise do capitalismo desde a Grande Depressão em 1929.

Uma bomba que começou a explodir quando o banco de investimentos Lehman Brothers decretou falência, na madrugada de 15 de setembro de 2008. O Lehman Brothers tinha

---

[34] CASTRO, José Roberto. "Dez anos da crise de 2008: colapso, consequências e lições." Disponível em: https://www.nexojornal.com.br/expresso/2018/09/13/Dez-anos-da-crise-de-2008-colapso-consequ%C3%Aancias-e-li%C3%A7%C3%B5es. Acesso em: jul. 2019.

DE TODAS AS QUALIDADES QUE APONTEI ATÉ AQUI COMO ESSENCIAIS PARA O SUCESSO, A OBSTINAÇÃO É UMA DAS PRINCIPAIS.

158 anos de história e era um dos maiores dos Estados Unidos. Ao falir, outras instituições financeiras, empresas e investidores sentiram os impactos da quebra, e isso gerou uma reação em cadeia.

Nesse contexto de dificuldades, exatamente em 2008, muitas unidades da franquia na Argentina estavam em crise, cheias de dívidas, dificultando ainda mais o percurso de Sebastian e Dotti, que também se viram endividados.

Em 2009 eles seguiam sem dinheiro e sem ver muito futuro para os negócios. Ninguém naquela época tinha lucro, nem os franqueados e nem os donos da marca na Argentina.

Sebastian e Dotti deviam, nessa época, mais de 200 mil dólares no cartão de crédito. Isso apenas cinco anos depois de terem começado o novo negócio. Sem encontrar outra opção, tiveram que pedir dinheiro emprestado aos parentes. E, como você pode ver, motivos para desistir não faltavam.

Você, por acaso, já se viu numa situação assim? Já pensou seriamente em desistir do seu projeto, mas seguiu em frente mesmo estando na pior? Foi exatamente isso que fizeram os meus amigos. E certamente não se arrependeram dessa decisão. De algum modo, eles sabiam que estavam no caminho certo. Eles sentiam isso.

Observe e veja se essa certeza não está aí para você também. Se é o caso de ser como Sebastian e Dotti ou de pular fora, o que também é uma possibilidade, claro. As respostas estão em você.

SEM TERCEIRIZAR O PRÓPRIO SUCESSO

Trabalhadores, Dotti e Sebastian só cresceram porque colocaram a mão na massa, nunca terceirizaram o próprio sucesso. Sempre juntos, eles tinham o foco voltado para o desenvolvimento dos franqueados, com os quais estavam totalmente comprometidos e eram muito respeitosos. São duas pessoas de uma generosidade sem fim.

Talvez você tenha se perguntado o que eu quis dizer com "terceirizar o próprio sucesso". Bem, trata-se de delegar, entregar nas mãos de outras pessoas, o seu projeto. É acreditar que o seu sucesso depende dos outros e não de você. É fazer o mínimo, acreditando que outras pessoas irão fazer o máximo para que você atinja os seus próprios sonhos. É imaginar que, de alguma maneira, seus sonhos podem ser mais importantes para outras pessoas do que para você mesmo.

Tendo muito a dizer sobre o assunto, Dotti e Sebastian dão palestras em todo o mundo sobre propósito, cultura e engajamento. E eu me inspiro muito no exemplo deles.

O caminho para o sucesso não foi rápido e exigiu muita resiliência por parte deles. Muito mais investimento em dinheiro do

AS RESPOSTAS ESTÃO EM VOCÊ.

que eles imaginavam. E isso no mercado argentino, um dos mais complexos da América do Sul,[35] que há anos enfrenta sucessivas crises econômicas.

Sebastian e Dotti nunca delegaram os seus sonhos, nunca deixaram nas mãos dos outros a oportunidade de obter êxito. E essa para mim é uma lição importantíssima.

NÃO RESPONSABILIZE OUTRAS PESSOAS PELO SEU FRACASSO

Assim como tomaram para si a missão de fazer a empresa decolar, eles também nunca responsabilizaram ninguém pelas dificuldades que enfrentaram no caminho. Muito menos a marca. Sempre tomaram para si o protagonismo de suas vidas. E nem mesmo a economia argentina é citada por eles como vilã dos turbulentos dez primeiros anos da operação.

Sebastian e Dotti sempre tiveram uma equipe enxuta que, muito bem cuidada e focada no próprio desenvolvimento, dava conta até de organizar as convenções nacionais da empresa sem o apoio de agências de eventos, por exemplo. E tudo isso por motivos de custo, para que sobrasse mais dinheiro em caixa, inclusive para poder remunerar melhor aquele time tão

---

[35] SMINK, Veronica. "Por que está cada vez mais difícil sobreviver na Argentina." Disponível em: https://www.bbc.com/portuguese/internacional-47780629. Acesso em: jun. 2019.

engajado. No fim das contas, eles nunca temeram o fracasso de uma franquia internacional num mercado em que outras bandeiras vindas de fora já haviam naufragado.

Nos cinco primeiros anos da operação, o objetivo era, nas palavras de Dotti, conseguir volume, ou seja, atrair franqueados. E chegaram então a uma situação em que, dos pouco mais de trinta franqueados no país, apenas dois ou três realmente ganhavam dinheiro. Os demais apenas investiam e apostavam que ia dar tudo certo no final. Foram pioneiros que compraram a paixão dos meus amigos, que acreditaram na sua capacidade de trabalho e foram "loucos empreendedores", como Sebastian gosta de dizer. Desde o início do capítulo, temos falado muito sobre obstinação, mas, no fim das contas, sem visão estratégica, ser obstinado não basta. É como um carro que acelera, mas não tem direção.

Sebastian costuma explicar ainda que, quem tem essa atitude de trazer para si a responsabilidade pelo próprio sucesso e pelo próprio fracasso, consegue ter muito mais controle sobre a vida e sobre os negócios. Para ele, esse é o segredo do sucesso.

Um segredo que ele aprendeu em casa, já que vem de uma família onde liderar significa agir. O pai de Sebastian, por exemplo, era médico e ligado a uma organização nos moldes dos Médicos sem Fronteiras, presentes em todo mundo para atender pessoas em situação de risco e pobreza.

E com isso faço o convite para que você reflita se está realmente sendo um bom líder nas suas áreas de atuação.

QUESTÃO DE IDENTIDADE

Entre o quinto e o décimo ano da operação, a RE/MAX Argentina foi crescendo aos poucos. Um processo que só foi possível, além do trabalho e do cuidado com as pessoas, sobre os quais já falamos, com o reforço dos valores e da filosofia de trabalho da marca, unindo toda a equipe em torno de um só objetivo. E foi só então, segundo o próprio Sebastian, que ficou mais fácil conseguir novos franqueados.

A terceira etapa de vida da empresa, que começou no décimo ano da operação e segue até o momento, foi de crescimento estratégico, ordenado, figurando em primeiro lugar no mercado imobiliário argentino. Atualmente, a RE/MAX é vista na Argentina como uma organização respeitada, que remunera bem os seus agentes imobiliários e dona de uma identidade sólida.

Percebe agora que o Sebastian e a Dotti têm tudo o que eu destaco ao longo deste livro? Essa para mim é uma história muito boa de obstinação, de um casal resiliente de verdade. Duas pessoas que sabiam o que queriam, foram lá e fizeram a diferença.

Não importa o que tenha custado, eles chegaram lá. Sempre, claro, com a ética os guiando. Hoje, com toda a razão, são bem-sucedidos – e orgulhosos disso.

E você, tem conseguido agir com a obstinação do Sebastian e da Dotti, mantendo o foco inabalável na realização dos seus objetivos? O que pode tirar de lição a partir da história deles?

Em primeiro lugar, foram décadas juntando dinheiro a fim de investir num negócio e voltar a morar na Argentina. Um *case* de disciplina (lembram-se de que até o dinheiro do cinema era economizado?). Depois, eles escolheram trabalhar com uma empresa de uma área conhecida pelos dois. Ambos sabiam que a base da empresa era pessoas. E eles amavam gente, ou seja, não deram um salto no escuro, foram coerentes com a sua história, com os seus talentos. Sebastian era agente imobiliário e Dotti, enquanto produtora de TV, sempre gostou do universo corporativo, acompanhava trajetórias de sucesso de organizações variadas, também não era uma estranha no ninho.

Por fim, reforço uma última vez, não faltou obstinação. Eles traçaram um plano e não desistiram, mesmo diante de tantos desafios.

VOCÊ NA LINHA DE FRENTE: ASSUMA SEU POSTO

Depois da inspiração vinda da Argentina, convido você a pensar em dois pontos: reconheça o seu poder e comece a se preparar para o dia seguinte.

NÃO FALTOU OBSTINAÇÃO. ELES TRAÇARAM UM PLANO E NÃO DESISTIRAM, MESMO DIANTE DE TANTOS DESAFIOS.

Se tivesse de agir como agiram os meus amigos, se existisse a meta de voltar para o seu país de origem levando junto uma ideia empreendedora para viabilizar o seu retorno, que ideia seria essa? Você sabe reconhecer onde estão o seu poder e os seus talentos?

E se o pior acontecesse, se o seu negócio demorasse a decolar, você estaria preparado? Como agiria diante das dificuldades dos primeiros anos? Pularia fora ou pediria dinheiro emprestado aos parentes?

Você iria até o fim no plano que traçou inicialmente?

CAPÍTULO 9

FAÇA CADA TRECHO DO CAMINHO VALER A PENA

"Sucesso é acordar de manhã – não importa quem você seja, onde você esteja – se é velho ou se é jovem – e sair da cama porque existem coisas importantes que você adora fazer, nas quais você acredita e em que você é bom. Algo maior do que você, que você quase não aguenta esperar para fazer hoje". [36]

A reflexão acima, do jornalista Whit Hobbs, está registrada num livro que li há décadas, mas que até hoje me inspira: *Ah, se eu soubesse... O que pessoas bem-sucedidas gostariam de ter sabido 25 anos atrás, de Richard Edler.*

Essa definição de sucesso resume a visão que tenho sobre o tema: inclui até a minha ansiedade de, muitas vezes, mal conseguir esperar pela hora de fazer aquilo que quero e sei que preciso fazer. É por saber que há coisas para serem feitas, que para mim são relevantes, que eu saio da cama todos os dias.

---

[36] EDLER, Richard. *Ah, se eu soubesse... O que pessoas bem-sucedidas gostariam de ter sabido 25 anos atrás.* São Paulo: Negócio Editora, 1997.

Espero verdadeiramente que você tenha chegado a uma visão de sucesso mais concreta depois desta leitura. Você conseguiu pensar com mais clareza a respeito dos seus objetivos e de como se organizar para realizá-los, custe o que custar? Torço para que sim. Foi para isso que escrevi este livro.

Saiba que cada página foi pensada para ajudar você a lidar melhor do que eu com questões práticas que me afligiram tanto no passado: como seguir em frente superando inseguranças, como de fato tirar uma ideia do papel, a quem pedir ajuda, como fazer acontecer, como agem os resilientes, os obstinados.

Diante disso tudo, ao final desta jornada e inspirado no livro do Richard Edler, fiz para algumas das pessoas que admiro a seguinte pergunta: quais as três principais lições que você sabe hoje e que gostaria de ter sabido aos 20 anos? Algo que lhe ajudasse a atingir o mesmo êxito profissional que você conquistou, só que de maneira mais leve e simplificada. As entrevistas foram feitas de maneira informal, muitas pelo WhatsApp.

Gostei do que eles falaram. Tanto que, em vez de apenas citá-los, resolvi fazer uma carta para o Peixoto de 20 anos de idade unindo as reflexões dos meus colegas com as minhas aos 45 anos. Certamente, daqui há uns anos, muita coisa ainda vai mudar. O importante é acreditar que, a cada dia que passa, estaremos melhores.

O IMPORTANTE É ACREDITAR QUE, A CADA DIA QUE PASSA, ESTAREMOS MELHORES.

Essa carta também serve de reflexão para minha filha Sofia, para o meu filho Pedro e para todos aqueles que veem sentido no que está sendo dito. É claro que, se você tiver a metade da minha idade, não concordará com algumas coisas. Mas, sinceramente, não espero que você concorde: só desejo que você reflita, pense e tire as suas conclusões.

Aliás, um dos maiores problemas da nossa cultura é que não damos o real valor aos mais velhos, sobretudo os idosos. Que erro! Eles têm tanta experiência de vida, já caíram e já se levantaram tantas vezes que o mais inteligente seria ouví-los para que não cometêssemos os erros que eles cometeram. Certamente as reflexões daqueles que têm mais idade podem encurtar, e muito, o caminho até a realização dos nossos objetivos.

Segue, então, a carta. Um texto escrito com todo o respeito que eu tenho pelo jovem cheio de angústias que já fui um dia. E com todo o carinho para você, querido amigo, querida amiga, que seguiu comigo até aqui. Fique com o meu muito obrigado. E o meu desejo de muito, mas muito sucesso. Vamos lá:

Querido Peixoto de 20 anos,

Certo dia ouvi uma frase que me fez refletir muito: "Não há majestade para quem limpa o banheiro do rei". Pode até parecer vulgar, mas pense na situação da pessoa que faz a limpeza dessa área do castelo, que convive com a intimidade do soberano. Certamente, para essa pessoa, o rei é um ser humano como qualquer outro.

E daí tiro duas conclusões: a primeira é que, quando se há intimidade, quando nos tornamos próximos de uma pessoa, deixamos de ver o que ela representa, as suas qualidades, tudo aquilo que ela pode nos ensinar. É o clássico "santo de casa não faz milagre". Assim, olhe para os lados. Veja quanta gente interessante lhe cerca. Os seus amigos, os pais dos seus amigos, os seus pais, os amigos dos seus pais, enfim, aqueles que não costumamos valorizar exatamente pela proximidade e pela intimidade. É como se já não víssemos a majestade daquela pessoa.

A segunda coisa que aprendi sobre esse ponto é: no final das contas, somos todos iguais, humanos. Portanto, o fato de admirarmos determinadas pessoas pela fama, poder ou sucesso não deve nos cegar, não faz dessa personalidade alguém melhor do que você e eu.

Por isso, não tenha medo de se aproximar nem coloque ninguém num pedestal. Olhe olho no olho e converse de maneira respeitosa, mas de igual para igual. Sempre.

Aqui vai mais uma dica: desconfie das pessoas que tratam melhor aqueles que têm mais dinheiro, poder e status em detrimento dos que têm menos. Esses normalmente não são verdadeiros, são, na realidade, fracos de caráter. Queira estar próximo de pessoas que tratam os que têm menos com igualdade.

Traçar objetivos é muito importante. Saber onde quer chegar é fundamental. Mas lembre-se de sempre dividir esses sonhos em etapas. E quanto menores, melhor. Sabe por quê? É fundamental você comemorar cada conquista e refletir sobre cada erro cometido. Imagine como seria chato só comemorarmos quando atingíssemos um objetivo que demorou dez anos para ser conquistado. Dividindo em passos, você poderá celebrar cada trecho do caminho. Aliás, quando temos metas, o percurso fica muito mais divertido. Portanto, divirta-se e comemore as pequenas conquistas.

No Brasil, não existe um trabalho consistente de educação financeira, pouca gente pensa nisso. Aliás, de alguma maneira, nossa cultura, muitas vezes, destaca uma certa vergonha do sucesso econômico. Há algumas gerações, ouvíamos coisas do tipo: "dinheiro não traz felicidade", "quem tem dinheiro não vai para o céu", entre outras. É muito bom ter dinheiro, acredite. Ele não deve ser a sua motivação de vida, mas deve ser respeitado como algo finito. Portanto, desde cedo, se planeje financeiramente. Tenha controle do que você gasta e do que você recebe. Pergunte às pessoas que você conhece e que sabem lidar com dinheiro qual a melhor maneira de investir, procure entender o que fazer para construir o seu patrimônio, como se organizar para ter reservas e, um dia, não depender mais do salário todo mês, conquistando a sua verdadeira independência. Será o seu passaporte para fazer ainda mais aquilo que lhe dá alegria e a garantia de uma velhice tranquila.

Seu maior bem para atingir esse patamar será o seu desenvolvimento pessoal. Portanto, invista nisso. Leia, leia bastante. Estude sobre as coisas pelas quais você se interessa. Foque em aprender inglês e, se possível, outro idioma. Aliás, uma das melhores coisas que você pode fazer na sua vida é morar fora do Brasil por um tempo. Conviver com pessoas de outros países. Tente fazer isso pelo menos durante dois anos, em momentos diferentes. Se puder, faça terapia, participe de cursos e workshops que visam o autoconhecimento. Trate o autoconhecimento como uma prioridade. Quanto mais você se conhecer, menos angústias você terá. Saber suas limitações, suas virtudes, entender os sentimentos que habitam o seu coração e as razões de eles existirem vai fazer tudo mudar.

Nunca, jamais, abra mão dos seus valores e princípios. Nunca seja refém da falta de ética. Tenha sempre em mente que pode até ser um pouco mais difícil, mas ter a consciência tranquila fará você chegar muito mais longe. Valorize as pessoas.

Aprenda a escutar. Crie, organize e cultive a sua rede de relacionamentos. Valorize as datas que são importantes para as pessoas do seu círculo. Cultive amizades desde cedo. Tente ter amigos de longa data. É muito gostoso falar que você tem amigos de 30, 40 anos. Seja verdadeiro. E saiba que inteligência e caráter nem sempre andam juntos.

Acredite na sua intuição, na sua voz interior. Se tiver dúvidas sobre esse tema, leia o livro Blink[37] do jornalista canadense Malcolm Gladwell. A obra explica como o nosso cérebro pode nos proteger dos erros e ameaças com base nas nossas experiências anteriores.

Aqui vai outra dica boa: não adianta apenas trabalhar. É importante parar de vez em quando. Durante viagens, passeios e períodos de férias, muitas ideias fantásticas aparecem.

Tente sempre sair dos problemas, vê-los como se estivesse fora da situação. Busque o equilíbrio emocional. Quase tudo que parece um problema intransponível hoje, será esquecido por nós em pouco tempo. Normalmente a resposta para os problemas é mais simples do que pensamos. Portanto, não complique.

As nossas frustrações são fruto da nossa própria expectativa em relação aos outros. Tenha confiança de que pode ser melhor

---

[37] GLADWELL, Malcolm. *Blink: a decisão num piscar de olhos*. Rio de Janeiro: Rocco, 2005.

a cada dia. Na hora do conflito, foque em resolver o problema, não em apontar os erros das pessoas.

Você pode fazer qualquer coisa, mas não pode fazer tudo, saiba delegar.

Exerça o desapego: tudo passa.

Seja compassivo com si mesmo: o triunfo e a desgraça são impostores. Nem somos tão bons quanto parecemos em momentos de sucesso e nem tão ruins quanto os outros pensam que somos na hora do fracasso. A vida é um ciclo. Portanto, tenha humildade.

Contrate sempre pessoas que possam lhe substituir, nunca tenha medo da qualidade de um contratado, pelo contrário. Tente trabalhar sempre com pessoas melhores do que você. Converse com a sua concorrência, vá para a rua e veja o que está acontecendo, fale dos seus sucessos e das suas derrotas, ouvir os outros vai ajudá-lo também.

Ouça os mais jovens se você é mais velho e os mais velhos se você é jovem. Seja curioso, ter curiosidade é fundamental. Conte piadas novas para os mais velhos e piadas velhas para os mais novos.

Saiba que as pessoas mudam. Errar não é apenas aceitável, mas necessário para obter bons resultados. Tenha a humildade dos inteligentes, a determinação dos fortes e o foco de um radar.

Confie em você, seja empreendedor, procure se relacionar bem com as pessoas. Prepare-se: quem não se prepara está pronto para falhar.

Comece agora. Não espere o momento ideal. Ter a melhor ideia não é mais importante do que saber executá-la. A prática faz o mestre, é preciso entender que ninguém sabe tudo.

Ser feliz é mais importante do que ter razão. Resolver é melhor que "vencer" – "ganhar" debates muitas vezes envolve um preço alto, enquanto encontrar soluções, não importando a autoria, é gratificante e quase sempre mais eficaz.

Saiba que é importante sonhar com o futuro. Quem não tem sonhos está fadado a trabalhar para quem os teve.

Por fim, saiba que encontrar a sua causa, aquilo que você realmente ama, não é fácil. Mas tudo começa com a busca. Não desista daquilo que lhe parece interessante no primeiro obstáculo. Nem no quinto. O começo é sempre mais duro.

Por fim, como as coisas não acontecem tão rapidamente, cuide do seu corpo. Ele será o seu principal aliado ou o seu maior inimigo na realização dos seus sonhos.

Não se preocupe tanto. Vai dar tudo certo. Tenho bons motivos para, aqui do futuro, saber que posso confiar em você. :)

Seja feliz!

Com carinho,

Peixoto de 45 anos

TENHO BONS
MOTIVOS PARA,
AQUI DO FUTURO,
SABER QUE
POSSO CONFIAR
EM VOCÊ.

ESSE LIVRO FOI IMPRESSO
PELA GRÁFICA ASSAHI
EM PAPEL PÓLEN BOLD 70 G
EM OUTUBRO DE 2019.